JN093110

ぼくらの冒険記

親子で語る前向き休学のススメ

原 俊和（親父）
俊英（息子）

Parade Books

目次

はじめに　― 休学したいです ―

― 親父からもの申す ―

「休学したいです」

この一言からすべてが始まりました。

私は五十二歳の三児の父で、仕事は大学職員です。そして私の長男は大学三年生を終えたばかりの大学生です。

そしてその長男は、二〇二二年の四月から二〇二三年の三月までの一年間休学し、旅を通じて様々な経験を経て多くのことを学びました。親としても息子の冒険ジェットコースターに乗って一気に駆け抜けたような一年間でありました。

本書は、それらの経験を単なる想い出に終わらせるのではなく、一年間で感じたことや忘れてはならないことを形にして残したいとの願いが詰まっています。さらに子供のチャレンジの軌跡ではありますが、それを「親」と「子」のそれぞれの視点から綴らせていただきました。

小さな軽自動車で北から南まで走り抜けた一年間。息子からSNSで送信される写真やメッセージに一喜一憂し、時には胃が痛くなることもありました。その時は、何もできない親の無力さを痛感し、信じることがこれほど難しいことであるのかと嘆きました。一方で様々な人との出会いによって私たちは生かされて生きていることを実感しました。息子が苦しめば苦しみ、喜べば喜び、ともに歩めた日々だったと思います。もし息子がこの旅に挑戦していなかったら、私たち家族は多くの方々の温かさを見逃していたかと思います。そのことに気づかせてもらっただけでも幸せ者であると思います。

そしてこの一年間での息子の成長は見事なものでした。気の赴くままに行動する息子を見てドキドキハラハラしながらもしっかりやり遂げる姿にはいつも驚かされました。生きていくうえで大切なことはたくさんありますが、私はその中でも人間の器というものはとても大切であると思っています。ただその器を大きくするには、教科書を読んでもインターネットで調べても得られるものではないと思います。古臭いですが、汗をかき体感し、そして何よりも勇気をもって未知の世界に飛び込むことが大切ではないかと思います。本書は、そのような体験がたくさん綴られています。

また私たち夫婦は子供の休学に対して反対の意識を持っていませんでした。これについては後述しますが、休学の考え方によってプラスに働くとも感じていますし、何より私自身、枠に収まって生きてほしくないとの思いが強くありました。そして、休学を宣言し、四年では時間が足らないという息子を頼もしくさえ思いました。

一般的に親としては、四年で大学を卒業してすぐに就職してほしいと望むかもしれません。しかし私は、人生一〇〇年と言われるこの時代、数年の寄り道なんてどうってことないと感じています。ただしこの点は人様々です。私の考えが正しいとも思っていませんし、押し付けようとも思いません。ただ一年を駆け抜けた息子を見ていると、あながち間違いではなかったと感じます。

これから一年間の旅を息子と一緒に振り返ります。本書は、高校生や大学生の若い方たちと子育て世代の保護者の方々を意識して書かせていただきました。もし高校生や大学生の皆さんが読んでくださるなら、ぜひ枠に収まらず勇気をもって未知の世界に一歩踏み出すきっかけにしてほしいと願います。保護者の方には、子供を信じて静かに見守りそっと背中を押すことの大切さと難しさを感じてもらえたら嬉しいです。また、統計データなどは使わず、親としてのリアルな経験（実体験）や心情のみで書くようにしました。よって説得力に欠ける部分もあるかもしれません。その点をご理解いただければと思います。

どこにでもある家庭で育った、どこにでもいる親子の平凡な記録ですが、そんな記録が少しでも皆様の生活にとって役に立ち、さらに親子の会話のネタになれば幸いです。

― 息子からもの申す ―

ぼくは大学三年生が終わるころ一つの決断をし、一年間一人で旅に出ました。雨の日は車で寝て、晴れた日はテントで寝て、北は北海道から南は鹿児島までいろんな人と出会い、いろんな言葉を交わし、とても楽しく、そして学びの多い日々を過ごしました。

これから皆さんには旅の記録を読んでいただきます。まずは、一年間のぼくの行動を簡単に記します。

春〜初夏　引っ越しや山小屋などでのバイトでお金を貯める
夏　　　　北海道をぶらぶら
秋　　　　お金が無くなり再び山小屋バイト
初冬〜冬　九州・四国・東北をぶらぶら
冬〜春　　再び北海道にてシカ捕獲バイトとぶらぶら

「ぶらぶら」は特に目的なく遊び歩くという意味です。基本遊んでいるように感じるかもしれませんが、実のところその通りですし、これでいいのです。目標があろうがなかろうが、達成しようが頓挫しようが、楽しければすべてよし！　そんな気持ちで一年間を過ごしました。

さて本書では、アルバイトと旅を中心に、休学した一年間のことを書き綴ります。コロナ禍もあって海外に行くことはできませんでしたが、赤ちゃんからおじいさんおばあさん、フリーターや先生、学生、芸術家、旅人、サラリーマンなどなど、実に様々な人に出会い、様々な話を聞き、多くの経験をしました。

その中で気付いたことがあります。それは、この世界に生きるすべての人は、

「人生初心者」

なんだということです。

どういうことかというと、ぼくのような若者はもちろん、どんなに歳をとった人でも、どうしたらいいかわからないこともたくさんあるし、たくさん迷い、悩むのです。その点で、歳をとっているからベテランということはなく、人生という道の上ではすべて初心者ではないかと感じました。そして全員人生初心者だと思うと、うまく物事を進められなかったり、人にちょっときつく当たられたりしても平気だし、むしろ生きているだけで「すげぇ」と思います。しかし、思い通りにならないのが人間です。様々な点で「みんな初心者なのだからどんとこい！」と思っていても、やはり失敗すればへこむし、きつく当たられたら傷ついてしまいます。そのような状況では、思っていることと逆の発言や行動をしてしまい、うじうじ悩むことなど日常茶飯事です。でも、だからこそ人

間は面白いのだと思います。そしてそのようなことを強く感じることができた一年であったと思います。

この一年の記録は、父が言っているようなドキドキハラハラ冒険譚(ぼうけんたん)というわけではありませんが、一人の若者が笑ったり悩んだりしながらも、いつも元気にしてるなぁ……と感じながら読んでいただけると嬉しいです。そして難しく考えず、読むのに飽きたら途中でやめるもよしです！（笑）

では、始めていきましょう！

お気軽にお付き合いください！

旅のはじまり【三月〜七月】

ヒデという息子、カズという親父

― 親父からもの申す ―

冒険記に入る前に、息子と親父がどのような人間かについて紹介をさせてください。

まずは、親父から息子の紹介をします。

「一日中、外で遊ばせておいたら機嫌が良かったよぉ（笑）」

息子の話になると、妻はいつも口癖のようにこう話します。炎天下でも極寒でも、いつも外を駆け回っている子でした。家でじっとするのが嫌で、家事がたくさんあるのに、そんなことお構いなしでいつも妻の手を引っ張って外で遊びました。一度外で遊び始めると昼ご飯を忘れて駆け回っていました。

忘れもしない二〇〇〇年三月六日の早朝、うす暗い病院内に大きな泣き声が響き渡ったのを昨日のことのように思い出します。息子は「俊英（としひで）」と命名し、その後、我が家では「ヒデ（兄ちゃん）」の愛称で呼ばれています。妻の寛大な対応もあり、スクスクのびのびと育ちました。

中学・高校と陸上競技を続けました。体が小さくなかなか記録が出ず苦しんでいました。でも友人に恵まれ、駅伝を中心に走るだけでなく襷をつなぐ素晴らしさを学びました。高校時代には、いつも40リットルのザックに教科書をすべて入れて、それを担いで通学していました。ザックの重量は20キログラムにもなっていたかと思います。私が持ち上げるのも苦労しました（妻は重すぎて持つことができませんでした）。炎天下では汗まみれに、雨の日には水浸しになりながらそのザックを背負って通学していました。端から見ると、高校の制服を着た登山者が自転車や電車に乗っているようでとても滑稽に見えたことでしょう。でもそんな日常を三年間続けたことが、今回の旅を成功に導く伏線だったとは、この時には気が付きませんでした。

一方、性格はとても優しく慎重かつ臆病です。この慎重さと臆病さが後述する登山などにおいて功を奏したのかもしれません。また人と接することがとても好きで、小さい時から初対面の人ともすぐに友達になれる性格でした。妻いわく、小さいころ電車に乗ると子供を好きそうな人を探して、その人と接触をもとうとしていたとのことです。

大学は、山形県と秋田県の境にある鳥海山（2236メートル）に惚れ込み、かつ森林の研究がしたいとのことで東北地方の大学（農学部）に進学しました。入学した時から活動的で、後でも触れますがヒッチハイクや自転車で帰省したこともありました。

アウトドアなイメージが強いですが、コーヒーと読書が好きで、インドアな面も多く持っています。コーヒーを淹れさせたらとてもおいしいですし、常に文庫本を持ち歩き、静かだなと思ったら寝ているか読書をしていました。本好きになったのは小さい時から妻が読み聞かせをしていたからだと思います。幼稚園や小学生低学年の時は暇があったら図鑑を見て過ごし、その後も妻おすすめの本や星野道夫氏の著書に魅了されました。ある日、高校生になった息子を通勤途中に駅で見かけた私の同僚から「駅に二宮金次郎がいましたよ（笑）」と話しかけられたことがあります。薪ではありませんが、大きなザックを担いで、立ちながら本を読んでいる姿は見た目には近いものがあったのかもしれません。

そんな男が私の息子です。

屋久島にて（数少ないツーショット）。
〈大学一年生　夏〉

―息子からもの申す―

次は親父の紹介をします。

ぼくの父、名前は「俊和（としかず）」です。従姉弟たちからは「カズおっちゃん」と呼ばれています。お酒と人が好きで、涙もろく熱い男です。もう少し言うと、おちょけで単純でせっかちですが、優しく一緒にいて楽しい人です。時々面倒くさいこともありますが、父とはこれからもずっと仲良くしていきたいなと思います。

ぼくが小さいころの父の印象は、「よく遊んでくれるおもろい人だけど怒ると怖い」でした。この印象は今でも変わりませんが、遊んでくれるというよりは、（父自身が）遊ぶのが好きなようです。幼いころから父にはよく叱られましたが、多くの場合、命を粗末にした時、人の気持ちを粗末にした時でした。当時は泣くことに必死で何も考えていませんでしたが、幼いころから大切なことを教えてもらっていたのだなと思います。

一方、叱られること以外でも父にはよく泣かされました。父はお酒が好きで、しばしばベロンベロンになるまで飲みます。小さいころはよく捕まっては泣くまでくすぐられたり、少し大きくなると、ねちねちと絡まれて泣かされました。また父は、宴会も好きでよく職場の仲間たちと家族ぐるみでバーベキューをしたり、海水浴をしたりして、そこでも仲間とともにベロンベロンになっていました。泣かされることは災難でしたが、酔って陽気になり、前後不覚になっている父の姿は可笑しく、お酒を飲む父や同僚の皆さんと宴会で楽しむことはむしろ好きでした。ぼくも二十歳を超えてお酒を飲めるようになってからは「なるほど飲み会はとても楽しいものだ」とよく思います。

お酒のほかにも、父にはたくさん趣味があります。ギターに野球、マラソン、温泉（銭湯）など、最近では釣りと登山と読書、草木染も時々やっているようです。ギターに関しては、ぼくの弟と職場の仲間たちとともにバンドを組んで楽しんでいます。父は、「これ面白い！　楽しい！」となると、そのことに夢中になってハマります。そしてある程度までいくとぱたりとやらなくなります。このような性格ですので趣味が増えたのだと思います。ただ、いずれのこともやる時は本気で取り組み、傍から見てもすごい！となるレベルまでもっていくので、器用だなあ、すごいなあ、と思います。

父は多趣味な点からわかる通り、少し飽きっぽいところがあります。しかし、やると決めると最後までやり遂げようとする不屈の意志と早急に対応する機敏さを持ち合わせています。趣味のマラソンでサブスリー（フルマラソンで三時間を切ってゴールすること）を目指してストイックに自分を追い込んだり、あれやりたいと言っていた次の瞬間には道具をそろえて準備をしていたりなど、行動が素早く力強いです。こういった性格は先走りすぎてちぐはぐになったりすることもままありますが、素早く適切な処置ができるため流石は一家の大黒柱だと思います。

ひとつ、エピソードを紹介します。ぼくが高校三年生の冬、ちょうどセンター試験（現：大学入試共通テスト）を終えたころでした。そのころぼくは信州（信州は山がとても多いのです）にある大学に行きたくて勉強を頑張っていましたが、センター試験の結果があまりよくなく志望校を変えざるを得ない状況でした。高校で先生に相談したところ、現在進学している東北地方の大学がいいのではと教えてもらい、そのことを父に話しました。すると父はひとこと「ほな東北行こか」と言い、その週末に東北地方に連れて行ってくれました。夜行バスで片道十二時間近く、一泊二日ではなく、バス泊の二泊一日の弾丸ツアーでした。そして初めて訪れる東北、厳しい寒さに凍てつく街と遠くにそびえる美しい山々を目の当たりにして、ぼくは衝撃を受けました。「この土地で生活したい」と強く思い、その数か月後に受験に合格して憧れの地での生活が始まりました。

父が勉強を教えてくれたことはほとんどありませんが、この時のように、父はぼくにたくさんの景色を見せてくれ、そして一緒に見ました。人は生きている中で様々な景色を目にしますが、同じ場所で同じ景色を見ても、タイミングが異なれば感じ取るものも変わります。ぼくは高校三年生のあの日、凍てつく景色を見て何かを感じ、少し変わったのだと思います。父はそういった瞬間を逃さずつかむ力があります。せっかちなので待つということ

初めて降り立った東北の地。〈高校三年生　冬〉

は少し苦手な人ですが、自ら動いて環境を変化させることができます。父はこうして様々な景色を見て、時々そばにぼくがいて、今に至ったのかなぁと思います。

そんな男がぼくの父です。

そして、そんな二人の冒険記です。

休学について思うこと

―親父からもの申す―

本書を書くにあたり重要なキーワードが「休学」です。その点で、少しばかり私の考えを述べます。

二〇二一年の二月頃だったと思います。冒頭に書いた休学を望むメッセージが届きました。

休学の理由として「日本百名山踏破のため」とのことです。妻と「四年では時間が足らんみたいやな……」と笑顔で言葉を交わし、すぐに了解の旨の返事をしました。ただ、休学の条件として次のことを改めて約束しました（改めてというのは大学に入る際に一人暮らしの条件として約束していましたので……）。

◆親より先に死ぬことは許しません
◆他人様に迷惑をかけることは許しません

この二つを守ることを条件に休学を了承しました。さらに休学の目的や大まかな年間スケジュールを提示するように伝えました。なお休学にあたっては、次のようなことを前提に考えていました。

一、目的をもって休学するなら良し
一、助けを頼らず休学するなら良し
一、胸を張って休学するなら良し

その点から、目的を明確にして私たち夫婦に提出させ、今後一年間は仕送り等の経済的支援はせず、自分で生活費を稼ぐように伝え、息子も了承しました。

休学に対しては、人によって様々なイメージを持たれるかと思います。言葉だけとらえるとあまり良いイメージを持たれない方が多いのではないでしょうか。まず誤解のないように言っておきますが、休学したくなくてもせざるを得ない方々もおられます（そのような方に対しては今からのお話はピント外れかもしれません。ご容赦ください）。ただ、多くの学生・親は、大学を四年で卒業して、速やかにどこかに就職する（してほしい）との思いが強いため、休学に対して負のイメージを持たれるのではないかと感じています。しかし私は前向きな理由で休学するなら、休学もありだと思っています。反対に、やればできるのに何もしない、学校が面白くないから休みたい、などの消極的な理由で休学するのは私も賛成できません。

　私は以前から大学を四年で卒業してその後すぐに就職する必要はないと思っていました。子供が長く大学に行こうが、すぐに就職しまいが、これは子供の課題であって親がとやかく言うべきことではないと思っていますし何よりも子供の人生です。親は、子供は一人で生きていくのだという考

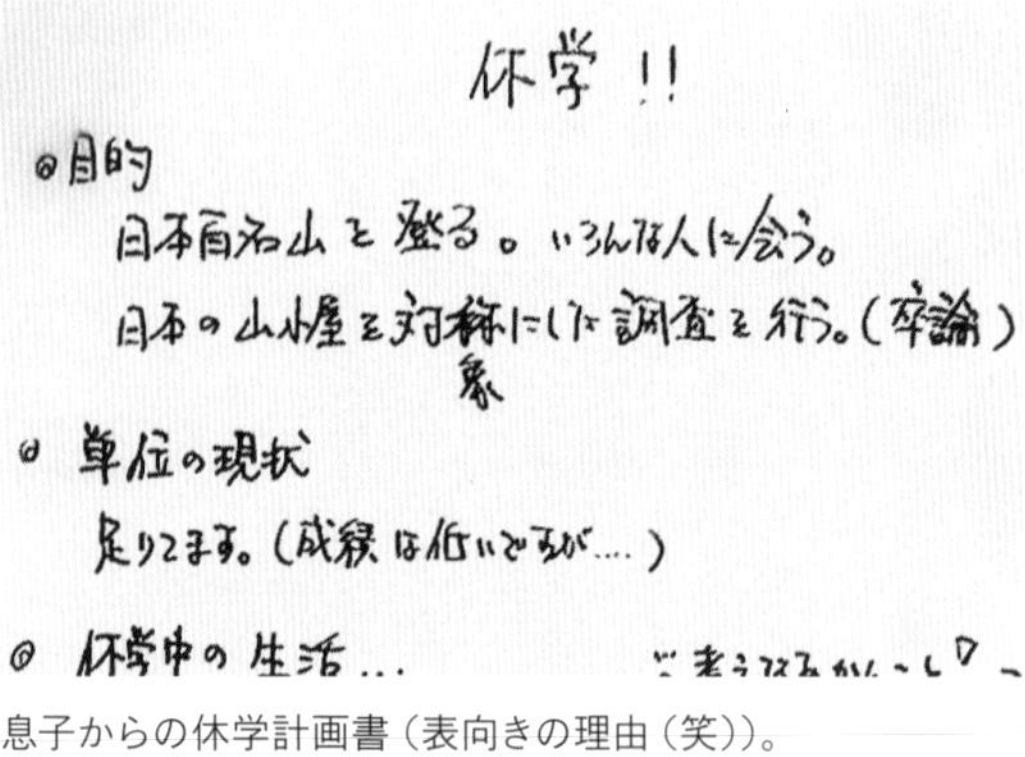

息子からの休学計画書（表向きの理由（笑））。

えをしっかりと持つことが重要と思っています。妻も「子供の人生だから私たちがとやかく言うことじゃない」ときっぱりと言います。

現在、私は関西にある私立大学で事務職員として働いており、さらにキャリア・就職支援の仕事に多く関わらせていただきました。その中で企業の採用担当者と話す機会が多かったのですが、その際に「大学や学生に望むことは何か」との質問をぶつけてきました。

その結果、

「学生時代に学生にしかできない経験をやって（やらせて）ほしい」

という回答が多くありました。

この意見を聞いた時、企業の採用担当者も学生という貴重な身分の期間において、ぜひ悔いのない日々を送ってほしいと思っておられるのだと感じましたし、それが将来に役立つのだとも言っておられました。

私は、人生一〇〇年で考えるようにしています。と同時に明日はないかもしれないと自分に言い聞かせています。その点で「長いスパンでの計画」と「短いスパンでの行動」が重要ではないかと考えます。このことから、息子の休学については四年間という期間で考えるのではなく、一〇〇年で考えることにしました。さらに「行動を起こすなら今しかない」との思いに至り、子供が望むならすぐにでも背中を押してやるべきと感じました。そう考えると息子の休学申請に異議を唱える必要は全くありませんでした。

話は戻って、休学が決まった息子は引っ越しの手続きから作業など、すべて独力でやりました。目的が明確になると、人間は自ら行動を起こすのですね。親としては驚きと同時に素晴らしい行動力を目の当たりにしました。

そのようなことで、私としては子供が休学を望み、かつ休学理由が前向きなものであるなら全力で背中を押してやるべきと考えます。一方で望まない休学をせざるを得ない状況であれば、休学を回避する方法や少しでも現状を改善できないかなどについて、子供とともにじっくり相談すべきであると思います。くれぐれも休学を一概に勧めるのではないことをご理解ください。

そのようなことを思いつつ、今回、息子の背中を押してやりました。ただ息子には「表向き」と「裏向き」の休学理由があったようです。でも表と裏があっても良かったと思います。どちらにしても息子の求めるモノや考えるコトが、前述した「学生時代にしかできない経験」だと感じるからです。風の吹くまま気の向くままに旅をして、その時々で出会う人と物語を紡いでいける日々は、学生時代にこそやるべきことであると感じています。

休学にもいろいろありますが、マイナスのイメージだけでなく、プラスのイメージもあることを感じていただけたらと思います。

―― 息子からもの申す ――

なぜぼくは休学をしたのか？

先に父から紹介があったように、ぼくは一年間大学を休学しました。なぜこのような選択をしたのか、その理由について、まずは話したいと思います。

「遊びたかった」

ぼくが休学をした第一の理由は、表向きは日本百名山の踏破でしたが、実は裏の理由があり、それは「もっと遊びたかったから」です。そして、ぼくの思う遊びとは、友達との登山や川遊びをはじめ、飲み会をして楽しく語ったりすることです。さらに全く知らない土地へ行ってグータラしたり、知らない人と出会って語ったり、大自然の中を冒険したりすることです。そう、ぼくは旅を通じて、様々な人に会い、様々な遊びや経験を大いにしたかったから休学することにしました。と、ここまで書いてみましたが、なんか理由としては旅をしたいからということでありきたりと感じますね。で、世の中の面白い方々や旅人の皆さんからは、「そんなことは当たり前やん。旅はたまらん。だからわしらは旅に出るんじゃ！」と言われるかもしれません。その通りなのです。知らない土地で知らない人と話をすることは、これ以上、ほかにはないと思うくらい面白いです。そして、このことを休学中に実感できましたし、休学の一年間を経て、さらにぼくは自分から知らないところへ飛び込み、知らない人と話せるようになったと思います。そして人と話すことがこんなにも楽しくて面白い事だということに気付けてよかったなと思います。

「きっかけ」

話がそれてしまいましたが、理由の次はきっかけです。ぼくは学生という立場のうちにできるだけ遊びたいと思っていましたが、時間が少ないと感じていました。また、大学に入学してから、父はよく「大学は四年で卒業せんでもええ」と口にしていました。そのようなことが重なり、一年間時間を作れる休学ということはとても魅力的でしたし、タイミング良いきっかけとして訪れました。そういう背景もあって休学ということが違和感なく選択肢にあがりました。

ただ、簡単に書いていますが、実際はかなり悩みました。大きく悩ませたのが、ぼくは大学三年生が終わってから休学をするので、復学した時には同級生の多くは大学を卒業してしまっています。そのことがとても寂しく決断までの一番のハードルでした。しかし、友人は「(ぼくが)いなくなるのは寂しいけれど、今しかできないことだから応援するよ!」と背中を押してくれました。素敵な友人に囲まれて幸せだなと感じるとともに感謝の気持ちでいっぱいになり、ついに決断するに至りました。

休学理由については遊びたいからと言いましたが、大学に提出する書類には、さすがにこのまま書くことはできず、最終的には「日本百名山を踏破するため」という表向きの理由で提出し、大学側から許可をもらいました。後述しますが、もともと趣味が登山であったためこの理由に落ち着きました。でも、結局百名山はほとんど登らず裏向きの理由を一生懸命遂行することになります……（笑）。

山に対する思い

―親父からもの申す―

冒険記に入る前にもう一つだけ重要なキーワードとして「山」について述べさせてください。

「第一章」の冒頭でも記載したとおり、息子は外（野山）で遊ぶのがとても好きな子供でした。我が家では、基本子供が好きなことや興味を持ったことについては、できるだけ経験できるように全力で協力しました。小学生まではとにかく様々な経験をさせ、中学校ではその中から好きなことを選ばせ、そして高校以降は好きなことを極めてほしいというようなイメージを持っていました。その一つに登山がありました。

関西の低山にハイキングはちょくちょく行きましたが、息子の初めての本格的登山は小学校六年生の夏の富士登山でした。静岡県側から登る吉田ルートでご来光を見に行く弾丸ツアーでした。昼頃に京都を出発し、静岡で風呂と夕食を済ませ、夕方に五合目付近で高山病予防のためぶらぶら過ごします（このぶらぶらが大切らしいです）。そして夜八時ごろに真っ暗闇の中をヘッドライトを頼りに登山を開始します。小学生にとってはとてもハードなプランだったかと、今頃反省しています。

さて、頂上を目指して初めての本格的登山が始まりました。息子は小学校六年生にしてはとても小柄でした。果たして五時間の登山に耐えられるのか不安でしたが心配不要で、しっかりと登っていきます（高山病も大丈夫でした）。何とか午前二時ごろに頂上に着きました。あたりは真っ暗で強い風が吹きさらしています。寒いのと眠いのとで死にそうになっていましたので、急いで平らな場所を探しました。体育座りをして、私の両足に挟むように息子を座らせ、後ろからサバイバルシート（防寒シート）で抱き抱えるようにして体を引っ付けて寒さをしのぎます。そして座ったまま眠りました。私は、寒いのとお尻が痛いのとでもがいていましたが、息子からは五分も経たないうちに寝息が聞こえました。その寝息を聞いているととても心が休まり、無事に連れてこられたという安堵感と幸福感に包まれ、知らぬうちに私も眠りに落ちていました。今となっては、寒い中での温かい記憶として残っています。

午前四時ごろに息子を起こしてご来光が見えるポイントに行き、じっと太陽が現れるのを待ちました。寒さに震えながら待っていると、うっすらと空が明るくなり、雲海がみるみるオレンジ色に輝き、この世のものとは思えない美しい光景に包まれました。気温もグングンと上がり、あの寒い地獄のような時間はどこへ行ったのかと思うほどで、太陽の偉大さと自然の驚異を体全体で感じた瞬間でした。ぜひ皆様も機会を作って親子で挑戦してみてください！

その時の感動を覚えていてくれたのかもしれません。その後、私が（近畿圏の低山ですが）山に誘うとよく付き合ってくれました。子供となかなかコミュニケーションが取れないという保護者の話を聞きますが、我が家ではそのようなことは、幸いにもあまりありませんでした。これには子供の興味（好きなこと）にできるだけ乗っかるようにしてきたことが良かったのかもしれません。それによって会話や親子の時間が増えますし、なんといっても子供が好きなことになると饒舌になってくれます。私にとっては、日々仕事に追われる中でこの時間はとても大切で多くの癒しを与えてくれました。それ以降、できるだけ子供の興味事は優先するように心がけています（ただ子供の興味事が全くやったことがないことだと苦労しますが……）。

私はご来光はこの時だけですが、息子は今も様々な山のご来光を見ていますし、それだけでなく

富士山登頂！〈小学六年生　夏〉

落ちてきそうな星々や吸い込まれそうな青空など、数えきれないくらいの景色と感動を目にしていると思います。

そんな経験をふまえ、息子にとって山は生きるフィールドであり、大切な存在なのだと思います。

大学を選ぶ時も、アパートを選ぶ時も、山がポイントになっていました。関西の大学を薦めたのですが、「関西には2000メートル級（以上）の山がない」との理由で一蹴されましたし、アパートを探す時も「何かご要望はありますか？」と聞かれ、「山に近いアパートがいいです」と言い放ち、斡旋担当者の目が点になったのを覚えています。

息子にとっての山の存在を解ったのちは、夫婦で息子の山に対する思いを大切にし、今回ももちろん全力で応援することに決めました。

富士山で見たご来光。〈小学六年生　夏〉

― 息子からもの申す ―

「はじめに」でも書いた通り、ぼくは登山が趣味です。休学の理由も登山ですし、旅も山が中心になっていました。しかし今、ぼくが山について強く何か思うことがあるかというと、特に思うことはないです。なんとなく居心地がいいとか、登山が趣味でぼくと似たタイプの人が多く集まるからなど、そのような理由でぼくも山に行くのだと思います。ただ、中学・高校・大学二年生くらいまではとりあえず山にこだわっていました。

登山をするようになったきっかけ

ぼくが本格的に登山を始めたのは大学に入ってからです。ワンダーフォーゲル部という主に登山をするサークルに所属してから始めました。でも、大学に入学するかなり前から登山がしたいと思っていました。

ぼくの実家の近所には広い公園があります。そこには遊具はもちろん、小中学生が遊ぶのには十分な広さの森がありました。小さいころは母に連れられて遊び、小学校に上がると友達と秘密基地を作ったりして遊び、中高大でも時間があればそこで遊んでいました。どうやらぼくは森の中で遊ぶことが好きなようです。

そして小学生の時、家族で近くの山にハイキングに行きま

お母さんの爆弾おにぎり。〈小学五年生　春〉

した。これが初めての登山経験です。母が作ったでっかいおにぎり（爆弾おにぎり）をもって、頂上で家族みんなで食べました。とてもおいしかったです。その後、父が当時はまっていたトレイルランニング（野山を駆け回る。またはそのようなレース）にも連れて行ってもらい、小学六年生の時には、父が先に書いた通り富士山にも登りました。このような経験を通して、小学生のぼくの中で「大人が森で遊ぶ＝登山」という図式ができ、「大人になったら登山をするぞ！」と考えるようになります。これが、ぼくが登山をするようになったきっかけです。

なぜ山が好きなのか

山は「景色がきれいだ」「なんといっても空気がおいしい」など、山の何がいいのかと聞いて、人それぞれ様々な答えが返ってくると思います。しかしぼくは、「山の何が好きなの？」と聞かれて即答できる自信はないです。わざわざしんどい思いをして山に登らなくても、景色がきれいなところや空気がおいしいところ、星がきれいなところはたくさんあります。最初に、ぼくは山に対する特別な思いはないと書きました。その通りです。絶対に山じゃないと嫌だっ！ということはありません。たぶんぼくは、「山」のみを好きというのではなく「山をとりまく環境」が好きなのだと思います。

ぼくは生きるために必要なものとして、食事と睡眠以外に三つあります。それは、「太陽光」と「友達」と「適度な運動」です。友達と一緒に山へ行くと、この三つを満たせて、さらに素晴らしい景色を見ることができます。また、ぼくの友達や知り合いの中で、この人とは気が合うなぁと思う人は登山を趣味としていることが多いです。そのため山に行けば、まだ見知らぬ面白い人に出会えるかもしれないという淡い期待もまた、ぼくを山へ誘うのだと思います。あと、少ないお金で一日中楽しめることもポイントが高いですね。

以上のように、太陽の光の下で友達とのびのびできて、良い汗をかけ、そのような環境を山では作りやすいから、ぼくは山が好きなのだと思います。

自分にとっての山の存在

ぼくにとっての山は遊び場です。森の中をただ歩いたり木に登ったり友達とだらだらしたり、山はぼくにとって登山をする場所というよりは、遊び全般をする場所で、数ある遊びのひとつが登山だったという感じです。

しかし、後述しますが、山小屋で働いた経験から、山はただの遊び場から、生活・仕事の場にもなりうることを知りました。自分の中で山は遊び場だから、仕事を持ち込みたくないという思いはありません。今後生きていく中で山が生活や仕事の場になることだってあると思いますし、そうなればちょっと楽しそうだなとも思います。

また、この旅では、一人で山に登る機会が多くありました。一人で山にいるとき、正直全然楽しくなかったです。きれいな景色を見て心躍る瞬間はあるものの、基本ずっと寂しかったです。そのような経験を通して、ただ山に行けばいい、山がそこにあればいいということではないことに気が付きました。そして、「誰と一緒に山に行って誰と一緒にその景色（山）を見るのか」ということが、ぼくにとっては重要なことであると感じました。何が言いたいのかというと、ぼくは友達と一緒に外で体を動かすことが何より好きで、遊ぶ場所が山だったならさらにテンションが上がる、ということです。

そのようなことから、ぼくは山というより、それ以上に「人」が好きなのかもしれません。一人で登る山は寂しくて楽しくなかったけど、誰かと登る山はとても楽しくて好きです。素晴らしい景色を一人で見るよりも、誰かと分かち合えれば、その景色は、数倍にも魅力的に見え、とても嬉しいです。

ぼくにとっての「山」は、そんなことを気づかせてくれる存在であります。

資金稼ぎ【三月〜六月】

―親父からもの申す―

いよいよ旅が始まろうとしています。そして始まる前に大切な準備をしなければなりません。それは資金稼ぎです。

今回の旅においては、親からの経済的支援は一切なしということになっていますので、あらゆる必要経費は自分で稼ぐことになります。その点でアルバイトを行うわけですが、今回は短期間でより効率よく稼がなければなりません。コロナ禍の影響でアルバイト自体が見つかりにくい状況の中で、頭を悩ませながら取り組んだようです。

親としてはアルバイトの時間をもっと様々なことに使えるよう、経済的サポートをしてやりたいと思いましたが、そこはグッとこらえて静観することにしました。ただ、息子から相談があった時には、私ができることは何よりも優先して対応することにしました。しかし悪い癖が出てついつい子供が思っている以上にあれやこれやと口や手をだしてしまうことがありました。親として良かれと思ってやる行為なのですが、その多くは決して良いことではないと反省しました。一人でやらせることの大切さを感じた瞬間でした。

また、我が家では子供が小さい時から月々のお小遣いというものはありませんでした。全くないわけではなく、家事などを手伝った際にその対価として払っており、自宅でアルバイトをさせていました。長男は包丁とぎや洗車など、次男は玄関掃除など、三男は洗濯物たたみなど、簡単な作業にそれぞれ取り組みました。やればやるほど多くのお金がもらえますが、何もしなければその月はゼロです。お正月の後などは、財布が裕福だったのでアルバイトをサボりますし、逆に欲しい物があると一生懸命働きましたね（ちなみに雇用契約書も作り、私と子供がサインをしていました。これは、大人になった時に契約書をしっかりと読むという習慣をつけてほしかったからです。少しでも大人になった時に意識してほしいとの思いがありました）。

話を戻しましょう。アルバイトですが、コロナ禍の影響で業種が限定される中、まずは京都（実家）を拠点に引っ越しバイトをすることにしました。

このアルバイトはかなりの重労働のようでしたが、シフトも柔軟に入れましたし、何よりも引っ越しシーズンで人手が足らないという点で追い風になりました。毎日早朝に出ていき、夜遅く帰宅します。頑張って稼ぐと言えど旅に出る前に体がつぶれてしまうのではないかと心配しましたが、親が思う以上に子供はタフで体調を壊すことなくしっかりと勤めあげました。アルバイトを終えて遅い夕飯を食べながら、楽しそうにその日あったことを語りました。ちなみに引っ越しバイトにおいては作業をするメンバーが毎日変わるそうです。朝に会社で初めて会う人とその日一日仕事をすることになります。

そんな中、晩ご飯を食べながら、いつも初対面の作業メンバーの話をしてくれました。様々な人で構成される作業メンバーに対して、それぞれ対応や連携などは変わってきます。また引っ越しの仕事は、ほぼ引っ越し作業と移動の二つであって、日によっては遠方への移動が大半の時もあります。さらに移動時間においては、車の中で二〜三人のチームメイトとずっと一緒にいなければなりません。気の合う人とならまだしも気の合わない人と一緒になると気疲れも大変だったのではと思います。この点でコミュニケーション力も多く求められます。引っ越しのアルバイトにおいては、体力勝負とのイメージがありますが、むしろ体力に自信があってもコミュニケーションが苦手な人にはつらいアルバイトかもしれません。息子も日々変わる初対面の人たちとの交流で知らぬうちにコミュニケーション力を育ててもらったのだと思います。

この引っ越しのアルバイトは、一か月弱ほどの短い期間でしたが、そこで稼いだお金によって車で寝泊まりするための装備の購入や自動車の保険代など、スタートを切るための資金に目途を付けられたようです。その後は、北アルプスにある山小屋でのアルバイトに取り組みました。これについては、どんな仕事をするのか全く知らされておらず、本書を通じて私も知ることになります。

一年間の旅をするだけの資金はまだまだです。しかしここから、驚くようなアルバイトをしながらの一人旅が始まります。

―息子からもの申す―

質問：現代社会で生きていくうえで一番必要なものは何だと思いますか？

答え：お金。

世の中、何をするにもお金が必要になります。「一年間遊ぶぞぉ!!」と叫んでいても、お金がないと移動すらできません。これが現実なのです。ということで、貧乏学生の休学生活、旅を始めるにあたって最初のミッションはお金を稼ぐということでした。

休学の目的は日本百名山をすべて登ることです。その間の移動や食事・宿泊・温泉などにかかる金額をざっと計算すると、半年で約九〇万円必要でした。もともとあった貯金は十万円いかないくらい……こんなん無理やん……（↑心の声）。

でも、まずはやってみること。何とかしてみることが大事です。

山小屋バイト

で、資金を稼ぐことにするわけですが、ぼくが最初に目をつけた仕事は山小屋バイトでした。過去に山小屋でアルバイトをしていたことがあり、その時は楽しく働けて、かつお金も貯まったという記憶がありました。すかさずぼくは、以前お世話になった山小屋の社長に電話をかけて働きたい旨を伝えました。ぼくの働きたい期間は四月（小屋開け）〜六月末まででした。その旨を社長に伝えると、「わかった……」とはなりません。なぜなら山小屋で最も人手を必要とするのは七月〜九月の三か月間だからです。社長からすると、その忙しい時期ではなく、忙しくないときに人手があってもあまり嬉しくないのです。でも、ぼくは七月〜九月にできるだけ多くの山に登りたかったので、引き下がるわけにはいきません。話し合いは続き、結果なんとか四月（小屋開け）〜六月末・十月〜十一月上旬（小屋閉め）のシーズン前後の期間、働かせていただけることになりました。社長としては、夏に人手は欲しいけれど、ぼくの休学期間が一年間しかないということを考慮していただきました。

とにかく無事に山小屋で働けることになりました。

引っ越しバイト

さて、四月からの働き口は見つかりましたが、今住んでいるアパートを引き払って実家のある京都に帰るのは三月です。京都で過ごす時間がひと月弱ほどあります。その間、できるだけ働きたい！と、いうことで引っ越し屋で働くことになりました。

引っ越しのアルバイトの日々は、それはとても大変でしたが、でも楽しい濃密な時間でした。朝六時半に家を出て、四〇分自転車をこぎ、夜の十〜十一時まで働き、四〇分自転車をこいで家に帰る、これがアルバイトがある一日の流れです。ぼくは一週間に三〜四日の頻度で働きましたがそれでもかなり疲れました。お金を稼ぐって大変だと心底感じました。

また、引っ越しバイトでは様々な人が働いています。普段ぼくは東北地方で過ごしています。東北の方々は、ゆっくりとした穏やかな人々が多いと感じており、その方々に囲まれて生活していたわけです。しかしここは関西。それもものすごく忙しい現場での仕事ですので、ゆっくりと穏やかでいられるはずがありません。

「そっちちゃう！　こっちや!!」「おまえ何やっとんねん！」

そこでは、多くの人が生きるために必死に働いていました。さらに、引っ越し屋で働く人の中にはぼくが今まで接してきたことがないような人々が多くいました。高校を出てすぐ働いている人やフリーターとして生計を立てている人など、毎日出会う人みんな違った境遇にあって、話をしていても、とてもとても楽しかったです。

引っ越し屋で働いたのはひと月ほどでしたが、ものすごく中身の濃い時間でした。毎回違う人と一緒に仕事をして、かつ肉体的にもきつい仕事であったため、話をするのが楽しいうえに筋力アップのトレーニングにもなってとてもよかったです。

山小屋で働く

そうこうしているうちに四月も中旬にさしかかり、山小屋へ仕事の場を移動しました。

ぼくがいた山小屋は、長野県の北アルプスの山の頂上にあります。働き始めの四月後半では、まだ雪が残り、朝晩は氷点下まで気温が下がります。また、空気は少し薄くて、ダッシュするとものすごく息が切れます。

山小屋での仕事は主に接客業ですが、その前に小屋開け作業をしなければなりません。主な仕事は、深い雪に埋もれた小屋をスコップで掘り起こし、冬戸（雪で窓が割れないようにするための板）をはずし、小屋内の掃除をし、各施設（トイレ・食堂・電気系統など）を使えるようにして、半年間眠っていた小屋を目覚めさせ、人が住めるようにします。

ぼくは小屋開け作業に参加するのは初めてでした。連日、小屋の周りで雪かきや、冬戸をはずして雪かきをするなど、雪かきが多くありました。真っ白な雪に埋もれて作業することで、数日で真っ黒に日焼けしてしまいました（笑）。

山小屋に向かうぼくたち。

もう少し詳しく話すと、ぼくがいた山小屋は標高2700メートル以上の場所にありますので小屋まで道路は通っておらず、車で訪れることはできません。小屋を訪れるには、一番近くの登山口から四時間ほど歩く必要があります。そのため、山小屋にいる従業員は住み込みで働きます。

小屋開け作業が終わり、営業を開始すると宿泊客が来ます。営業中の主な仕事は、小屋内の掃除・売店の対応・宿泊の受付・宿泊客の夕食と朝食の準備、片付けなどです。

一日の流れを見ていきましょう。山の朝は早いです。山小屋の一日は、宿泊客の朝ご飯を準備することから始まります。

◇午前四時半

起床（朝当番の場合）。

ストーブを焚いたり電気をつけながら朝食の準備をします。

◇午前六時

宿泊客の朝食。

この朝食時間は、日の出の時間によって早くなったり遅くなったりします。おおよそ朝焼けを見守った後に朝食という流れになります。

朝食時間になると同時に、朝六時から売店も開店します（売店は夜の七時までずっと営業です）。

宿泊客が朝食を食べている間に自分たちの朝ご飯の準備もしておきます。従業員の食事は当番制で作ります。社長が従業員のために野菜やお肉や魚などを用意してくれるので食事に困ることはありません。当番になった人はそれぞれ時間があれば趣向を凝らした料理を作るので、毎日本当においしいご飯を食べることができます。

話がそれましたが、朝食が終わると後片付けをします。この時間くらいから、朝当番以外の従業員が起きだしてきます。

◇午前七時
朝当番以外の従業員で小屋内の清掃開始。

◇午前八時
従業員の朝食、その後引き続き清掃。

◇午前十時
軽食の提供開始・朝当番の休憩開始。

午前九時ごろからちらほら登山客の姿が見え始めます。山の朝は早いのでこの頃になると登山客もおなかをすかせています。清掃が終わる十時ごろからカレーライスやカルボナーラといった軽食の提供を開始します。ちなみにこの軽食は夏の繁忙期になると、ものすごい数の注文を受け厨房は戦場のようになります。また、この時間から朝当番の人は休憩になります。

◇午前十二時

従業員の昼食・朝当番の休憩終了。

昼食を食べないと一日身体がもちません。昼間はかなり忙しいことが多いので従業員は交代で昼食を食べます。カップ麺で済ます日もあれば、炒飯を作って食べることもあります。時々ぼくもお昼に炒飯を作ることがありました。「炒飯王子」などと訳のわからないことを名乗りながら、いつも失敗してべちゃべちゃ炒飯を従業員にふるまっていました。今では成長してパラパラ炒飯を作れるようになりました。

全員が昼食を食べ終えると、交代で休憩に入ります。夕食の準備が始まる午後四時半まで時間を分けてそれぞれ休憩します。休憩中はそれぞれ好きなことをします。小屋の周りを散歩したり（めちゃくちゃ景色がきれい）、自分の部屋

山小屋からの眺め。

で寝たり、なぜか大量にあるマンガを読んだり……電波が弱くてスマホはあまり使えませんが、それぞれリフレッシュをします。

◇午後四時半
夕食準備開始。

夕食の準備では、「ガス前さん」と「米炊きさん」と「その他さん」に分かれます。ぼくは米炊きさんを担当していました。米炊きさんは、宿泊客の人数や雰囲気（おかわりの予想）をみて炊く米の量を決めます。これがなかなか責任重大で、炊く量を計算するときは緊張しました。なんといっても食べ残しを多く発生させるわけにはいきません。夕食作りと並行して、宿泊客のお弁当もこの時に作ります。この時間になってくると従業員もおなかが減ってきてつらいです。

◇午後六時
宿泊客夕食。

宿泊客がテーブルについたら、食事の説明（食器の返却やおかわり自由など）を行います。

◇午後八時
従業員夕食。

この夕食は従業員全員で食べます。一日の仕事を終え、お酒を飲んだりおしゃべりをしたり、テレビを見たりします。最高の時間で、とても楽しいしほっとします。

一緒に働いているおっちゃんたちは、夜になると芋焼酎のお湯割りばかり飲んでいます。ぼくも分けていただいて飲んでいるうちに、芋焼酎のお湯割りにはまってしまいました。おいしいし、体があったまるし、何より二日酔いになりにくいのがいいです。

◇午後十時
消灯・就寝。

次の日も早いので遅くともこの時間にはみんな寝ます。しかし、消灯後は小屋周辺が真っ暗になるため、星が本当にきれいです。ぼくはよく暖かい恰好をして、寒くて耐えられなくなるまで星を眺めたりします。晴れた日には街の明かりも遠くに見え、それはとてもきれいな景色です。

これが山小屋での一日です。基本的にこの一日の流れを営業開始の四月下旬から十一月上旬まで繰り返します。一方で、小屋の修繕をしたり、登山道の草刈りや整備を行う場合もあります。

これらは外での作業になりますが、外で作業をするのはものすごく楽しいです。きれいな景色を眺めながらペンキを塗ったり、草刈り機を担いで登山道を歩いたり、なかなかできない経験です。登山道の草刈りに関しては、多くの人が歩く道を自分が整備していると思うと、とても誇らしい気持ちになります。少しでも安全に、少しでも快適にをいつも考えていました。

そのようにして月日が流れ、気が付くと六月も終わろうとしています。

道標を修理するぼくたち。

朝日岳縦走【七月】

― 親父からもの申す ―

私が大学に勤めているということもあって、息子が通う大学の職員さんと懇意にさせていただいています。その方（Hさん）は、息子の入学を私と同じくらいに喜んでくださり、何かあるごとに目をかけてくださいます。東北へ引っ越しをする際にも、時間を作っていただき三人仲良く東北の街で盃を交わさせていただきました。大量のお酒が入ったのと息子がいなくなる寂しさから、私はかなり酔ってしまい泣きながら大声で息子にエールを送り続けてしまいました。同席した二人はさぞ迷惑だったと思います。でもそんな私に対し、息子は優しく微笑みながら涙を流してくれました。Hさんは静かに私の話にうなずき、そっと日本酒を注いでくださいました。あの時は初めての子離れの寂しさで胸が引き裂かれそうになっていたことだけは覚えています。

ある日のこと、そのHさんから写真付きのメッセージがSNSで届きました。それはある記事の写真と「はらくんの活動には驚かされるばかりです」とのメッセージでした。いったい何のことかわからず、とりあえず添付されていた写真を見るとそれは新聞記事を撮影したものでした。東北の某新聞社が行う夏山登山ルポの取材に息子が歩荷スタッフ（アルバイト）として同行していたのです。

そんなことは全く知らず、突然の嬉しい便りに大喜びしました。記事を読むと、東北にある連峰の縦走取材に同行するものでした。そして大好きな山を駆け巡って、賃金をいただけるとても幸せなアルバイトです。妻だけでなく次男や三男に記事を見せると「お兄ちゃんらしいな」と笑いながら話しています。「お前らも大学生になったらやってみたら？」というと「いやええわ」と口をそろえて即答していました。

確かに誰でもできるアルバイトではないです。まず体力がないとできません。かなりの重量の荷物をもって獣道を登ったり下ったりするのですから。さらに登山の知識もないとできません。足を引っ張るようなことはあってはなりませんから。またあいにくの悪天候だったようです。そのような中で登山を続けるのは大変だったと思います。それ以外にも数日間ともに縦走を行う仲間たちとの連携や共同作業など、いろいろと気を遣うこともあったかと思います。でも、そのような中でもやり遂げられたのは同行したスタッフの方々が良い方ばかりだったことはもちろんですが、息子の（引っ越しのアルバイトで培った）コミュニケーション力が発揮された証かもしれません。

今回の経験は、とても楽しかったようです。何ともタフな奴だと脱帽するとともに、親としてこのような機会を与えてくださった皆様に御礼申し上げます。

― 息子からもの申す ―

　七月に入り山小屋を下りたぼくは、まずは東北地方へ向かいました。夏の資金稼ぎの仕上げということで歩荷のアルバイトをやります。

　このアルバイトは、ある新聞社が毎年夏の時期に行う企画で、新聞記者が山岳ガイドと学生バイトとともに山に入り、その様子をリアルタイムで伝えるというものです。学生としては、荷物は少し重たいけれど、記者の方々やガイドさんと山登りができる上にお給料をいただけるのでとても嬉しいアルバイトです。

　縦走メンバーは、新聞記者が二人（山菜と酒を愛するKさん、登山初心者のUさん）、山岳ガイド（人生経験豊富な大ベテランGさん）、学生四人（今まで過酷な山行を共にしてきた気心の知れた仲間たち）の合計七人です。個性豊かでとても楽しいメンバーで、出発前にして今回の山行が楽しくなる予感がしてなりませんでした。

　今回訪れた朝日連峰は、山形県の真ん中ちょい下にある大朝日岳を主峰とする山脈です。ぼくたち縦走隊は、山脈北側の大鳥池近くの登山口から入り南東側の朝日鉱泉へ下山する主稜線をたどるルートを全五日間で予定していました。

　稜線上では、未だ残雪がありヒメサユリが美しく咲き誇る景色が見えるはずです。期待に胸を弾ませながらぼくたちは登り始めました。

しかし、人生うまくいかないものです。この朝日連峰縦走を一字で表すとするなら「雨」です。五日間、ほんっとにずーっと雨が降りました。おかげで縦走が終わるころ、ぼくの登山靴のにおいはとてもひどいものでした。表現しがたいですが、簡単にいうとう〇このにおいでした（涙）。

あいにくの天気で普通なら雨ばかりで景色が全く見えない山行は嫌ですが、ただ、ぼくにとっては休学中に行ったすべての登山の中で、三本の指に入るほど楽しい山行でした。しかしながら細かいことはあまり覚えていません。これも天気が悪く印象に残るエピソードがあまりなかったからだと思います。

さて、この歩荷アルバイトでぼくたちがする仕事は主に三つです。

一つは、荷物を持つこと。これは歩荷なので当たり前です。もう一つは、写真のモデルになることです。新聞記事において、現場の状況を伝えるうえで写真は重要です。その写真にモデルとして写りこむという仕事でした。「感心した面持ちで上を見ながら歩いてきなさい」など細かく注文を受けつつ撮られながら歩きます。写真はあまり撮られ慣れていないので、最初の頃は表情がこわばっていたかと思います。それでも最後には慣れて、ちょっと演技する余裕なんかも出ちゃってと……全く恥ずかしいものです。

最後は、食事の準備等の雑務です。避難小屋についたら、ビールを冷やしたり（一番大事な仕事（笑））水を汲みに行ったり米を炊いたりします。

なお貴重な経験としては、避難小屋につくと新聞記者の方々が明日の朝刊の記事の執筆作業に取り掛かられ、新聞記事が出来上がる様子を目の当たりにすることができたことは興味深かったです。以上がぼくたち学生の仕事でした。とはいえ写真に写ること以外は普段の山行でやっていることなので慣れたものです。だから、歩いているときも休憩しているときも避難小屋にいるときもずっと無駄口をたたいていました。さらに縦走中はずっと悪天候だったため、登山道上はおろか避難小屋にさえもぼくたち以外のグループがいませんでした。だから人目を気にせずくだらない話はどんどん加速していきます。

しかし、いくら頭の中が空っぽなぼくたちでもこうもずっと無駄話はできません。それでもぼくたちが話し続けることができたのは人生の大先輩である大人たちがいてくださったからです。

先に紹介したように人生経験豊富なGさんや、新聞記者という身近でいて謎多き仕事人のKさんやUさんが、ちょいちょい話に加わったり突っ込みを入れてくださるのです。新聞社の雰囲気や仕事について普段聞けないような貴重な話を聞けたり、人生の先輩として様々なアドバイスをくださったり。なかでもGさんのお話は面白く、どこかの国を放浪していた話や、マリファナを吸っている人に会った話などなど、とんでもなく刺激的な話がどんどん出てくる……Gさんは多くの経験を積んできた方々が持つ静かなどっしり構えた雰囲気をまとっています。しかし、時々子供のようないたずらっぽい表情で学生たちの輪に加わったりと、なんとも素敵な人物です。人生大変そうだけど、人生楽しそう！　そう思わせてくれる瞬間が数知れずありました。さらにGさんが昼食に作ってくれたサンドイッチの味は忘れられません。山の上で、縦走中に食べる生野菜は、それはそれはおいしく感激しました。

　また、最後の夜にはGさんのお知り合いの登山家Iさん（なんでもその方は標高世界第二位のK2にも登ったことがあるそうです）が大量のお肉を携えて駆けつけてくださり、焼肉パーティーが開かれました。

　その夜も大変盛り上がり、Iさんからは山の話や人生の話など貴重なお話をたくさん聞けましたが、結局はいつものしょーもない話で笑いあう。後輩学生は、避難小屋の小屋番さんに恋愛相談や人生相談をして盛り上がっていたり、他の飲みつかれた学生はそのへんで寝ていたり、みんなよく肉を食らい、よく笑い、よくしゃべりながら夜が更けていきました。

　そんなことで最終日はみんな寝不足気味でしたが、雨の中無事に、そして平和に下山し、楽しい楽しい山行は幕を下ろしました。


　登山の記憶も山の景色の記憶もほとんどありませんが、普段会えない方々と寝食を共にできてなんだか自分の視野が広がった気がします。人間みんな生い立ちも考え方も生き方も違うけれど、同じ世界で生きているからか、悩みや考えることはどことなく似ています。悩みが生まれるきっかけもそれぞれが出す答えも全然違いますが、だからこそ言葉を交わして様々な発見がある。そんな時間をこれからも多くの人と持てたらいいなあと思いました。こんなことから、ぼくにとっては三本の指に入るほど楽しく貴重な山行でした。

そして、こんなにも素敵な時間を過ごして、大学生にとっては結構な大金を給料としていただき大満足です。

第2章 夏

魅惑の地、北海道【七月〜九月】

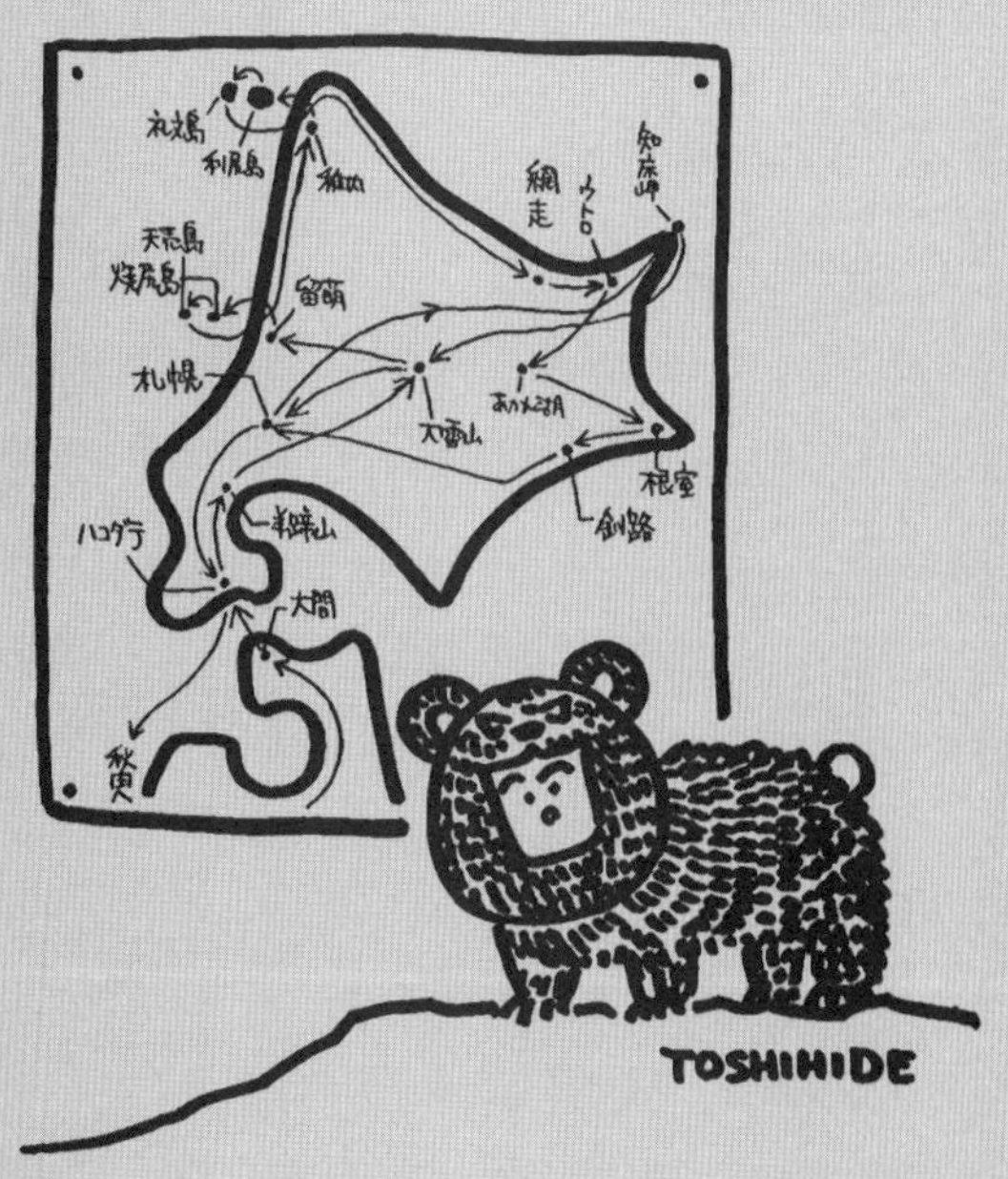

一人旅開始【七月】

―親父からもの申す―

前置きが長くなりましたが二〇二一年七月、いよいよ一人旅が始まりました。今日からは、様々な地域で様々な人との出会いを通じて日々を過ごしていきます。そして寝るのもご飯を食べるのも、基本的に野外で一人ぼっちでやりくりしていきます。

先に書いた通り、この一人旅については計画などを整理させ提出させました。そこには目的や年間スケジュール、必要経費などが盛り込まれていました。

その中でも、頭を悩ませたのが必要経費で、特に移動手段は悩みに悩みました。電車でなんて時間的にも経済的にも到底無理ですし、レンタカーを借りるのも車を買うのも資金が全く足りません。以前東北から（約700キロメートル）自転車で帰ってきたこともあり、自転車の案も「無理なことはない」と息子の計画書には書かれてありましたが、どう考えても無理です。そもそもその時も自転車にテントを積んで野宿しながら帰ってきました。なんとか四日間で帰ってきましたが、話を聞くと出発直後からとにかく早く帰りたくなったそうで、ゆっくり観光をしながらではなく、全力で走ったそうです。結果一日200キロメートル近く走った計算になります。息子も大変だったでしょうが、親も大変でした。その点でも自転車は私の中では完全にNGでした。ということをふまえると移動手段については八方ふさがりでした。

そんな時、高齢で運転ができない私の母（息子の祖母）の車が実家に乗られないままあるのを思い出しました。ダメもとで母に息子の話とともに乗らないなら車を安く譲ってくれないかと相談したところ、かわいい孫に差し上げると言ってくれました。

諸々の手続きを済ませ譲り受けたのは小さなワンボックスの軽自動車です。これからはこの車が旅の相棒となります。そして何より旅の移動手段を確保できたことはとても幸運でした。

その後、息子とともに車の後部スペースで寝られるように加工し、動くマイホームを作りあげました。これからは、雨の日はこの車がテントの代わりとなります。

息子と作業をしているとワクワク感が止まらず、「俺も若かったらなぁ……」と、うらやましく

動くマイホーム。

思いました。いざ出発の時、どうかこの旅が息子の人生にとって忘れられない経験になるよう切に願いながら動くマイホームと一緒に旅立つ息子を見えなくなるまで見送りました。

いざ北海道！【七月】

― 息子からもの申す ―

雨の朝日連峰縦走を終え、大学の友人たちにしばしの別れを告げ、ぼくは旅に出発しました。目指すは北の大地「北海道」。前にも書いた通り、ぼくの目的は日本百名山を踏破することです。北海道には九座の百名山があります。三か月間で甲信越まで南下しようと考えているので、北海道は長くても一か月で脱出しないと百名山を回りきれなくなってしまいます。なんともかつかつな予定ですがとりあえず北海道へ向かいます。

勇んで出発したぼくは、本州最北端に位置する青森県は大間へ向かいました。大間～函館のフェリーが出ていて、この航路が一番安いのです。高速道路を使わず二日をかけて大間へ到着しました。フェリーの手続きを終えたぼくは、無料キャンプ場に宿泊することにします。ここ大間のキャンプ場は無料で利用できるにもかかわらず施設が完璧に整っています。しっかりした炊事場、コンセント、水洗トイレ、駐車場、広々とした芝生のテントサイト。近くにはマグロをはじめとした海鮮が楽しめるお店がちらほらあります。

キャンプ場へ行くと、すでにテントを張っている人や車が数台停まっていました。車から降りると、ぼろぼろのダメージジーンズをはいた白髪で長髪の怪しげなおじさんが、人のよさそうな顔で話しかけてきました。キャンプ場の施設を説明してくれます。どうやらこのおじさんはキャンプ場の管理人みたいです。一通り説明を聞いてから、近くのおすすめのスーパーを教えてもらい夕食の買い出しに行きました。

さすがはマグロの街大間。スーパーにはおいしそうなマグロの切り身がたくさんありました。よし、今晩はマグロ丼にしよう。と、いうことでマグロを買い込んでキャンプ場に戻ると、先ほどの白髪のおじさんともう一人アウトドアマンなおじさんが話していました。

手招きされたので近づいていくと、アウトドアマンからウェルカムドリンクとして日本酒をいただきました。いやはや、旅人も玄人になればいきなり日本酒を注げるのかと感心しつつお酒は有り難くいただきます。日本酒を注いでくれたアウトドアマンは日本中を車で旅してまわる方で、旅人界隈ではそれなりに有名な方なのだそう。

　さて、一方の管理人のおじさんはというと、話を聞いているとどうやら管理人ではなく、この人もまた一人の旅人でした。仙台から北上し、大間にたどり着いたのは一週間ほど前なのだそうです。それからは居心地がいいのか、ずっと大間のキャンプ場に住んでいるといいます。

　キャンプ場についてー時間もたっていないのにこんなにも面白いおっさん二人に会うなんて、恐るべし本州最北端です。お二方以外にも、北海道で釣りをするために北上するおじさんや、大きなワンちゃんを連れて旅をする夫婦、夏休み中の小学生の息子を連れた外国人のお父さん、そして休学して山に登る兄ちゃん（自分）など、本当に変な人ばかりです。

　ここで出会った人々が面白すぎて、絶品のはずのマグロ丼の味を忘れてしまいました。しかし、この夜もいろんなお話を聞けてとてもとても楽しい時間を過ごせました。なかでも、管理人風のおじさんは、二十歳年下の彼女と旅をしていて、でもお子さんは九人いらっしゃって……。なんだか

大間のキャンプ場。

すごいお方です。

北海道に渡る前に、日常生活では決して出会えないだろう人々に、たくさん出会えてよかったなと思います。この夜受けた衝撃はかなりのもので、この夜以来、私は初対面の人に出会った時には、見た目やその人の肩書に惑わされることなく、穏やかに冷静に話ができるようになりました。

本州最後の夜が衝撃的すぎましたが、翌朝フェリーに乗り込み、無事函館に上陸しました。ついにやってきました北海道！　これからどんな冒険が待ち受けているのかわくわくがとまりません。

ただし、この時すでにぼくの頭の中から日本百名山という言葉は消えていました。それ以上に新たな人との出会いに期待が募るばかりでした。

食べたはずのマグロ丼。

― 親父からもの申す ―

いよいよ旅が本格的に始まります。まずは北海道の山をご縁に旅を始めるようです。親としては、雄大な環境の中で自然と戯れ、素晴らしい経験をしてほしいと願っています。季節も良いですし、山はもちろん食べ物や温泉、文化、歴史などなど多くの刺激に触れてほしいと思います。ただ北海道に入る前にこんなにも面白い方々との交流をしていたとは知りませんでした。

親が言うのも変ですが、息子は人に好かれる見た目と性格を兼ね備えていると感じます。何より見た目がとても安心感を与えます。その証と言ってては何ですが、大学二年生の時に東京から京都の実家までヒッチハイクをして帰省したことがあります。

この時は九時間ほどで帰ってきました。そして四人の心優しき方々に拾われたとのことでした。「今から東京を出ます」と言ってから、あれよあれよという間に帰ってきました。聞くところによると、仕事明けの外国人の方やちょっとやんちゃなお兄さんとその舎弟、小さなお子さん二人を連れたご家族、一人旅をしていたお兄さんの四台に乗せてもらったとのことです。ちょっとやんちゃなお兄さんの時は「素通りしてください」と願っていたけど、車が止まり乗せていただくことになったそうです。正直怖くて緊張したそうですが、とても良い人で面白かったとのことです。また家族連れには、特にお子さんに好かれたようでとても良くしていただいたようです。このように息子は第一印象で安心感を与えることができ、人にバリアを張らせません。見た目が素朴で優しい雰囲気を醸し出しているのが大きな武器と感じます。

さて、話がそれてしまいました。これからこの調子で旅を始めていくわけですが、北海道の旅で親として気がかりなことがあります。


それはクマです。


北海道にはクマがいます。私はクマは動物園でしか見たことがありません。でも北海道には、あの大きな黒い動物がたくさんいますし、その中で息子は登山をメインに旅をします。正直とても不安でした。そして私はクマはとても怖い動物という印象を持っていますし、多くの人は私と同じではないでしょうか。

クマは世界で八種類いて、その中で日本にはツキノワグマとヒグマがおり、北海道にのみヒグマがいるそうです。食物は基本的に植物だそうですが鹿が増えるにつれその肉の味を知ったクマも多くなったそうです。さらに北海道にいる私の友人からもその年はクマの目撃証言が多いらしいとの話も聞いていました。不安は倍増するばかりです。しかし息子はそんなことお構いなしに北海道の山々を満喫しようとしています。

本当にクマだらけの山で大丈夫か?との不安は募ります。しかし息子は大学三年生の時に初めての海外旅行でアラスカにいっており、その際にもクマだらけというかオオカミもいる森で幕営（テントで野営をすること）をしています。その点では、クマの対応などについて勉強していると思います……と信じたい。もうここまで来たら、「息子は大丈夫だ！」と信じるしかありません。

ただそう言ったものの、子供を信じるということはとても厳しく難しい試練でした。でもこれからの人生において子供を信じなければいけない場面は多々あるかと思いますので自分に強く言い聞かせました。ま、クマに会うという経験はそんなにというか、ほぼ無いと思いますが……。

今回はその始まりの一歩だと自分に言い聞かせました。

さてさて、まだ序の口、これから胃痛がおさまらない日々が始まります。

大雪山縦走【七月】

―息子からもの申す―

北海道に上陸し順調に歩を進めてきたぼくは、次にメインとなるイベントの一つ、大雪山縦走を計画していました。

大雪山は、北海道のちょうど真ん中あたりにある山脈のことで、南北は上川町から富良野市までまたがります。大雪山を含む大雪山国立公園は日本でも最大級の面積を誇ります。

ぼくは、層雲峡から富良野岳まで南北に連なる主稜線をすべて歩きたい

大雪山系 縦走計画

1日目
層雲峡 ロープウェー→ 黒岳七合目 → 雲ノ平 → [illegible]岳
→ 北海岳 → 白雲岳避難小屋 (9:30)

2日目
白雲岳避難小屋 → 忠別岳 → 化雲岳 → ヒサゴ沼 (7:35)

3日目
ヒサゴ沼 → トムラウシ → 双子池 (9:15)

4日目
双子 → 美瑛 → 十勝 → 上ホロ避難小屋 (8:50)

5日目
上ホロ → 富良野岳 → 三段山 → 吹上温泉 (7:40)

6日目
吹上 → ポンピ沢 → ベベツ → 双子池 (8:45)

7日目
双子池 → トムラウシ → ヒサゴ沼 (8:55)

8日目
ヒサゴ沼 → 忠別岳 → 白雲岳ひなん小屋 (8:50)

9日目 白雲 → [illegible]

大雪山系縦走計画書。

と考えていました。距離にして約60キロメートル、徒歩だと三、四日の距離です。しかし、縦走の計画を立てるうえでひとつ問題がありました。ぼくはこの時、車で移動していました。縦走をすると登山口と下山口が別の場所になってしまいます。富良野岳まで行って、下山後バスや電車で車のもとへ帰ることも可能でしたが、臭い体で重い荷物を背負って何時間もバスや電車に乗ることは面倒くさいと感じました。そんなわけで、層雲峡から富良野岳まで行き、また同じ道を歩いて戻ってくることにしました。予定では往復で九〜十日間、初めての一人での縦走です。

大雪山を歩いて往復することを人に話すと、「なんでわざわざ歩いて帰るねん！」「電車で帰ったらいいのに」と多くの人にツッコまれます。しかし価値観は人それぞれです。ぼくにとっては下山後にバスや電車の時間を調べ、待ったり乗り換えをする労力の方が歩くことより面倒くさく感じられたのです。ぼくは基本的に楽をして生きていたい人間なので、自分が楽だと思う選択をしたまでです（笑）。

さて出発前日、しっかりと荷造りをします。総重量は30キログラム近くあります。これらはすべて旅の重要アイテムであり必須のものです。もちろんビールも忘れません（笑）。

第一日

いよいよ出発の日です。朝、層雲峡に車をとめ、期待に胸を膨らませながらロープウェイ乗り場に歩いて向かいます。おっとあぶない、車に登山靴を忘れてしまいました。気を取り直して、チケットを買います。層雲峡ではロープウェイとリフトを乗り継いで、黒岳の七合目まで一気に標高をあげることができます。この黒岳七合目のリフト乗り場が縦走の出発地点であり終了地点です。天気は快晴。肩に食い入るザックを感じながらぼくは出発しました。

七月後半のこの時期は、おおむね雪が融け太陽の光を浴びた地面からは無数の花々が顔を出しています。チングルマ、エゾノツガザクラ、コマクサ、ワタスゲ、黄色い花……高山植物の知識はほとんどありませんが、かわいらしいもの、優雅なもの、実に様々な草花が生い茂り退屈することはありませんでした。

さらに嬉しいことに、大雪山縦走では全日程を通して快晴に恵まれ、カッパを着ることは一度もありませんでした。この前の朝日連峰はずっと雨でカッパをほとんど着ていたのに、極端な天気を引き当てるものです。

しかし、ひとつ致命的な問題がありました。それは縦走隊のメンバーがぼく一人だけということです。

大雪山系の眺め（右奥に十勝岳）。

寂しがり屋で人が好きなぼくは初日にしてすでに寂しく、孤独感にさいなまれていました。きれいな花を見つけたり、雄大な景色を目の当たりにしたりしてもその感動をその場でだれとも共有できないのです。この景色を独り占めしているという優越感も圧倒的な孤独感の前では無力でした。

テント場について、とりあえずビールを冷やします。この山行では考えに考えて、北海道ということもありサッポロクラシックの５００ミリリットル缶を三本だけ持ってきていました。今日は初日で天気もいいので寂しさを紛らわすために飲もうという魂胆です。

夕食の用意もできビールを飲むことにします。ぼくは普段長期で山に入るとき、食事は白米とレトルトで済ませます。しかし、初日で生ものも悪くならないだろうと思い、肉と野菜で青椒肉絲（チンジャオロース）を作りました。これがビールに合うのです（あと米にも）。

プシュッ！

とたまらない音を聞きながらタブを開け、ごくっ！ごくっ！っと喉を鳴らして飲みます。

あれ？　なんかおかしいぞ、いつものビールと違う……。

寂しい……。

この時のぼくは何をどうしても寂しいようです。冷えたビールはなおさらぼくの心を冷やします。あまり味のしないビールと食事を済ませるともうやることはありません。寂しいし暇なので本でも読もうと思います。一人で暇だろうと思い、友人から借りた本を一冊だけ持ってきていました。しかし、持ってきた本が予想以上に面白くて、その日のうちに読んでしまいました。明日からどうしよう……そんな風にして一日目が終わりました。

第二日

一人で黙々と歩きます。ただ、寂しさを紛らわすために、景色を見たときに大げさにリアクションをとってみたり大きな独り言を言ってみたりしていました。寂しかったです。

しかし、二日目の午後に転機が訪れます。この日はトムラウシ山を目指して歩いていたのですが、素敵なご夫婦と出会いました。二人してゴリゴリに山で遊ぶこの方たちは、気さくに話しかけてく

北海道では、やはりこれ。

ださり、しばらく山トークで盛り上がりました。そのお陰でちょっと元気を取り戻し、また一人で歩きだしました。しばらく歩きキャンプ場についてテントを立てていると、また嬉しいことがありました。なんとさっきのご夫婦がいるではありませんか！

一部の登山愛好家たちは、大雪山北の主峰旭岳から南の富良野岳まで一気に歩くことをグランドトラバースと大層な名前で呼ぶらしく、このご夫婦もグランドトラバースをすると聞きました。となると富良野岳まではこのご夫婦と一緒に歩けるということです！　わーい。

一人旅の良さとはこういうところですね。一人で寂しいから、その場に居合わせた人と仲良くなろうとする。これが旅の醍醐味なのだろうとわかった気がしました。

第三日

この日は男性二人組に出会いました。おじいさんとガイドさんです。彼らもグランドトラバースをするといいます。類は友を呼ぶというのか、似たような人々が集まってきました。この頃になるとあまり寂しさは感じていませんでした。歩くペースは違えど、ともに同じ道を進む仲間たちがいることを知りました。

ここで北海道の山をあまり知らない方々のために注意点をお知らせしておきます。いつか北海道に行くときの参考にしてもらえればと思います。

北海道と本州の山の何が違うのか、大きく二つあります。それは「水」と「ヒグマ」です。寒いとか、道が危険とかは本州の山も同じなのですが、水とヒグマだけは大きく異なります。

まずは水について。登山では飲料水を確保することはとても大切です。普通の登山では、沢水や湧水を汲みます（山小屋があるところでは雨水をためて販売しているところもあります）。基本そのまま飲む（これがまたうまい）のですが、北海道ではそれができません。エキノコックスという厄介な生き物（寄生虫）が北海道の沢にはたくさん住んでいるのです。エキノコックスに感染すると五年から十年後、突然死んでしまうそうです。北海道の沢水にはそんな厄介なやつがいるのでこれを取り除くために煮沸滅菌（一〇〇度で沸騰した状態を十分以上）をするか浄水器を使います。これを怠ると、たぶん死にます。ぼくも死にたくはないので十分注意しました。

次にヒグマ。これは言わずと知れた生き物ですね。ヒグマと喧嘩しようものならまず勝ち目はあり

十勝岳の頂にて。

ません。大けがか死かのどちらかです。しかし、ヒグマも人間が怖いらしくめったに人を襲わないらしいです。そのようなことで周りをよく見て、五感を使ってヒグマの気配を察知し、近くにいるようならそっとその場を立ち去る。こちらから音を出してヒトの存在を知らせることも有効かもしれませんが、大切なことはヒグマを刺激しないということです。

一応、クマ撃退スプレーという催涙スプレーのようなものがあり、携帯したりしますが、何よりもクマに会わないことが一番大事です。

そんな危険が北海道の山には潜んでいます。もし北海道で野外活動するときは気を付けてくださいね。

第四日

往路の九割五分まで来ました。富良野岳はもうすぐそこです。この日はテントではなく避難小屋に泊まりました。ぼくは昼過ぎには小屋に到着し、雪渓でビールを冷やしたり、お菓子を食べたり、通りすがりのおじさんにカレーパンをもらったり気ままに過ごしていました。しばらくすると前日に出会って、追い抜かしていた男性二

テント泊（幕営）。

人組がやってきました。彼らもこの小屋に泊まるようです。荷物を下ろし一休みしてから、ビールやお酒、お菓子などを出して飲み始めたのでぼくも加わります。人と楽しく飲むビールは格別にうまいですね。話も盛り上がり、ガイドさんのとんでもないお話を聞きながら楽しく過ごしていると、例のご夫婦もこちらに来るではありませんか！

夕食はご夫婦とともに食べ、おっきなベーコンをいただきました。うまい……その後ご夫婦は休まれましたが、暗くなるまで外で男性二人組とその場に居合わせたおっちゃんやらとともにいっぱいおしゃべりしました。ああ、なんて楽しい夜なのでしょう……幸せだ。

大雪山に来てよかった。

第五日

出会いがあれば別れもあります。この日ついにぼくの折り返し地点、富良野岳の頂に立ちました。道中仲良くなったご夫婦と男性二人組とはここでお別れです。寂しいです。ぼくも一緒に下りたい。強く後ろ髪を引っ張られましたが、ぼくは楽な方を選びます。皆様どうかお元

富良野岳の頂にて。

気で。
グランドトラバースは北から南に行く人は多いですが、南から北に行く人はあまりいないようです。ですから復路を歩いていて登山者に出会ってもすれ違う一瞬しかお話しできません。ぼくはあまりの寂しさからか、この日を境に大雪山縦走（復路）の記憶はほとんどなくなってしまいました。

第六～八日

往復の予定日数は九～十日間でしたが、気が付くと八日目で層雲峡にいる自分を発見しました。予定より二日も早く戻ってきていました。多分半べそかきながら小走りで帰ってきたのでしょう。疲れました。なぜか無性にセイコーマートのから揚げが食べたい……あとトマトも食べたい……（笑）。

初めてのソロ縦走はこうして終わりました。往路と復路のテンションの違いからわかるように、ぼくは山が好きというより誰かと一緒にいることが好きなのだと改めて思いました。この点からも複数人で歩いた往路と一人ぼっちで歩いた復路とでは、全然記憶や印象が異なりました。

しかし、一人旅はまだ始まったばかりです。この先一人ぼっちの寂しさに耐えられる精神が持つか不安ですが、ぼくにはもう少し頑張ってもらいましょう。

― 親父からもの申す ―

　大雪山縦走をすることは息子から聞いていました。ただ大雪山がどのような山でどこにあるのかなど全く知りませんでした。さらに行程表を出すように言ったものの、出てきたものは鉛筆書きで簡素なもの……息子の中ではしっかり考えてのものなのかもしれませんが、全く山のことがわからない私たち夫婦にとっては想像もつきません。

　とにかく私はすぐに大雪山の地図を買ってきて、帰宅するなりリビングで広げ、スタート地点を探し、その後息子の行程表に基づいて歩くであろうルートをチェックし、ポイントごとに付箋を貼っていきます。その作業を行う中、所々で目にする「ヒグマ注意」との文字が私の胃を締め付けるのです。私は地図上でしか距離を感じることができません。でも実際はここに高低差や温度差、風や雨などもかかわってくるのかと思うとなかなか想像がつかず、さらに一人で……そう考えるとただただ不安が募るばかりでした。

　幸いスマホの電波は所々で届くようで、「今日はここで泊まります」などと宿場地点を知らせる連絡は入りました。そしてその情報が入ると地図の宿場地点に付箋を貼り、現在位置を確認しました。その後、二日目、三日目と確実に歩を進めていく息子の姿をイメージしながら、妻と一緒に想像を膨らませ、一緒に歩いている気分に浸ろうと努力します。そしてその付箋だらけの大雪山の地図は今となっては私の宝物になっています。

しかし振り返って考えると、八日もの間、ガス、水道、電気がない中で生活するということがどんなことか想像することはなかなかできません。不便なく生活できる日常に慣れ親しんだ私にとって、息子の日々を心底理解することはとても困難なことであると感じます。

さて、ちょうど息子が大雪山縦走の折り返し地点にいたころに、私は三男と妻との三人で三重県にある御在所岳（１２１２メートル）に登りました。と、いっても妻はもちろんロープウェイです（笑）。

下山してから三人で山麓にある施設（入浴できスイーツが楽しめる）で休憩をしていたところ、長男からSNSメッセージが入りました。その内容は往路を終え、今休憩しているとのことです。しかしそのメッセージからはかなり疲れたような印象を受けました。かつ息子らしからぬ弱気な言葉もありました。私たちは「もうやめたら」と安心感が欲しいゆえに安易に声をかけていました。

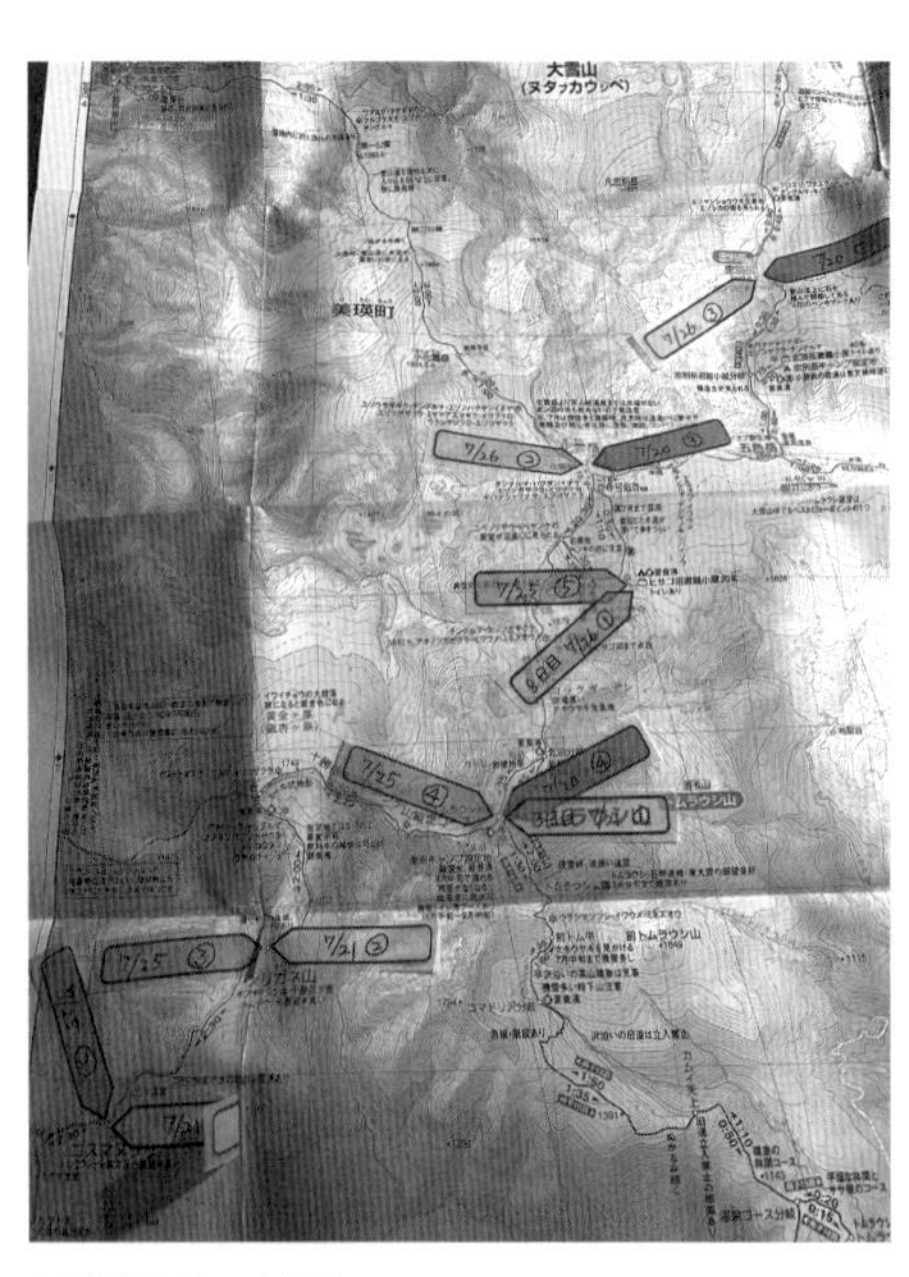

付箋だらけの地図。

その時は、私としては息子の状況などお構いなしに無事に終えてほしいとの思いでいっぱいでした。ただ今回、息子の心境を知り、下山したい気持ちと復路への挑戦という狭間で苦悩していたことを思うと安易に自分の思いだけを伝えていたことを反省しました。その時、息子は私たちからのメッセージをどう受け取っていたかわかりませんが、もう少し状況をふまえ心情に沿った言葉が欲しかったのかもしれません。

さて、改めて付箋だらけの地図を見ると、往路は五日かかっていた距離を復路は三日で歩いていました。まさにかなりの速度で歩いています。本当に寂しかったのでしょう。その時は「はえーな！　すげー！」と思っていただけでしたが、その裏側に孤独に耐えられない息子がいたのですね。

私は家族から「マグロウサギ」と言われます。これはまっすぐしか泳げないマグロとウサギは寂しすぎると死んでしまうという噂からきているみたいです。息子からは「お父さんはとにかく突っ走ってぶつからんと気付かんし、一人ではおもろない寂しい言うて遊ばへんしな」とニヤニヤしながらいじられます。そういわれると反論できませんが、ただそのお陰か息子たちはよく私と遊んでくれます。優しい息子たちに囲まれているとマグロウサギも悪くないですね（笑）。ただ今回、長男は私の血（特にウサギ部分）をかなり引き継いでいることがわかりました。お気の毒さま……。

胃腸炎！【八月】

― 息子からもの申す ―

大雪山をあとにしたぼくは、留萌、天売島、焼尻島を経て稚内へ向かっていました。目的はもちろん利尻島と礼文島です。

機嫌よく北上していたぼくですが、どうも朝からおなかの調子がよくありません。よくある腹痛かなと思いながら最初はそこまで気にしていませんでした。しかし、これが苦しい五日間の始まりの合図でした。

焼尻島をあとにしたぼくは、初山別というところのキャンプ場に泊まっていました。その夜は何となく体がだるく熱もあるようでした。風邪を引いたかなと思い、シュラフにくるまってあったかくして寝ました。朝になると全快とまではいきませんが、熱も下がり少しは動けるようになっていました。よしっ！　では稚内に行こう！

初山別～稚内は１００キロメートルほどで二時間もかからずに行けます。道中には面白そうな温泉がいくつかあるのでそれも楽しみにしつつ出発しました。しかし、身体は温泉に入るどころではありませんでした。運転中おなかが痛くて痛くてたまらずコンビニや公衆便所を見かけるたびに駆け込まなければなりません。いよいよやばいです。

ただ、その時、街からは程遠いところを走っており病院は稚内にしかありませんでした。「とにかく稚内に行かないと……」と気持ちは焦り、痛む腹をさすりながらひた走ります。

調べてみると稚内には無料のキャンプ場がありました。とにかく今日はそこへ行き、テントの中で休むことにします。

そうそう、このキャンプ場でも嬉しいことがありました。七月に大間で出会ったおじさんの一人も、この日同じ場所でキャンプをしていたのです。一緒にフェリーで北海道へ渡ってきた人と感動の再会なのですが、この時はおなかが猛烈に痛くなってきていてそれどころではありませんでした。悲しい……。

その後、何とか腹痛もいったん落ち着いたので、体調をセルフチェックします。熱はありませんが、強い倦怠感と腹痛があり下痢が続きます。

さすがにやばいと感じたので、ここで父に連絡して相談しました。父からは病院へ行きホテルに泊まるようにとの指令が出ました。宿泊費と治療費は父が負担してくれるとのこと。自腹を切らずにホテルに泊まれるというので少し嬉しくなるも、やっぱりおなかが痛いので辛い。

稚内には大きめの市立病院がありました。そこで診察を受けます。土曜日だったので救急外来しか開いていませんでした。人生初のＣＴスキャンに通され、人生初の点滴も受けました。診断結果は軽度の胃腸炎とのことで薬も処方してもらいました。人生初の経験を二つもした稚内市立病院は今後忘れることがないでしょう。

胃腸炎と診断されると不思議と心が落ち着き、ちょっと楽になった気がします。早速安いビジネスホテルを予約して部屋へ直行します。そして、そのままトイレに直行します。

この日から四日間ホテルでじっとしていましたが、一時間に一回のペースで腹痛の波が来てトイレに駆け込む日々でした。この時の日記を読み返してもそのしんどさが伝わってくるし、この文章を書いている今もまた思い出しておなかが痛い気がします。

しかし幸いなことに、ぼくがホテルでじっとしている間中ずっと天気は雨でした。元気だったとしても何もできない日々が続いたと思うので、胃腸炎という事態であってもよかったなと思います。

こうして四日間、ベッドとトイレとセイコーマートを行き来する生活を続け、なんとか回復の兆しが見えてきました……いや、もう元気だ！ということで回復祝いとして外に呑みに行くことにしました。

よって四日目の夜はテキトーな居酒屋で夕食です。しかしながらあまりお店は多くなくホテルから一番近いところにある定食屋さんに入りました。中には地元の人らしき人や観光客がちらほら。悪くない雰囲気です。

カウンター席に案内されメニューを見ます。さすが稚内、海鮮系が充実しています。でも生ものは少し怖いので、ホッケ定食にしました。

料理を待つ間、暇なので聞き耳を立てていると、どうやら隣のおばちゃんとその隣の兄ちゃんは旅人のようです。しかも、兄ちゃんは大学生だそうです。たまらずぼくは、隣の人たちに声をかけてしまいました。しかしさすがは旅人、すぐにぼくを受け入れてくれて三人で盛り上がります。おばちゃんはバイクで北海道を旅しているそうでとても気さくですし、兄ちゃんは大学生でぼくと同い年です。夏休みを利用して、電車で日本縦断をする予定で今日がその一日目だそうです。いやぁすごい、みんなそれぞれのやり方やタイミングで旅をし、たまたまここ稚内のカウンターで隣に座りました……素敵ですね。

三人で盛り上がっているとさらに後ろから男性が声をかけてきました。彼も旅人のようです。若いころ礼文島に心奪われ、しばらく礼文で働いていたこともあるそうです。なんとまあ、人の人生っていろんな形があるのですね。

バイカーのおばちゃんにはビールを、礼文のおじさんにはチャーメンを、定食屋の女将さんにはタコの刺身をごちそうになり、ふくれたおなかをなでなでしながらホテルに帰りました。久々にぐっすり眠れそうです。

胃腸炎という辛い目にあいましたが、四日もホテルで罪悪感なくゴロゴロできたり、居酒屋で素敵な出会いがあったりと結果的には胃腸炎になってよかったなぁと思いました。

さて次は利尻島へ渡ります。心も体も元気になった今、怖いものはありません！

― 親父からもの申す ―

八月初旬の昼過ぎ、息子から一本のＳＮＳメッセージが入りました。

「胃腸炎になりました。」

場所は、日本（北海道）の最北端稚内。京都から約１７００キロメートルのところです。症状は下痢がひどく、かなりの頻度でトイレに駆け込まなければならない状況のようです。東北で一人暮らしをしていても友達がいてくれますし少なからずの食料もあります、何より安静にできる場所があります。ただ今回は一人ぼっちで全く知らない場所で、かつテント暮らしをしています。連絡をしてきた場所は稚内市の道の駅でした。トイレがあるからとのことです。いろいろ聞いていても始まらないので、まずは病院に行けと指令を出します。息子は土曜日なので閉まっていると言います。親としては、もしもの事態を考えると不安で仕方ないので稚内市の病院（救急病院）を調べ、とやかく言わずここに行けと伝えます。息子はたいしたことなさそうに言っていますが、たぶんお尻の穴を押さえながら必死の形相で救急病院の窓口をたたいていたことでしょう。何とか診察を受け、薬をもらいます。次は宿泊場所を探さねばなりません。さすがにテントや車の中ではトイレへの対応ができません。今の息子にとって食事より布団より何よりもトイレが必要です。

野宿は到底無理なので今日はホテルに泊まれと命令します。妻は何とか入院させてもらえないのかと私の横で吠えています。気持ちはわかりますが普通に考えて下痢程度では無理でしょう。ただ普通の人とは状況が大きく異なっているのですが……それはこちらの勝手な都合で、病院は知る由もありません。さらに「お金がもったいない」などと言われる前に、ホテル代は出すからごちゃごちゃ言わずホテルに行け！と伝えます。よほどヤバかったのかもしれません、親父の命令に反論することなく素直に従い、さっそくホテルを探して駆け込みました。息子も必死なら親も必死です。

その後は、トイレに通う日々を過ごしたようです。久々に普通の生活で、かつせっかくのホテルでの宿泊なのに、ふかふかベッドを堪能することもできずトイレに通い詰める時間が続きます。また、ホテルについても連泊はできず、日ごとに変わらなければならなかったようです。お尻の穴を押さえながらバタバタと次のホテルを探し、悲痛な顔で車を運転する息子の姿が目に浮かびます。結局そんな日々が数日間続き、すべてホテルに宿泊する羽目になりました。

大げさかもしれませんが命には代えられませんし状況が全くわからず、息子からの連絡を待つことしかできません。息子もひどい下痢の中での生活で速やかに連絡もできないのでしょう。もう二十歳を過ぎた男なので大丈夫と言い聞かせますが、やはり子供は子供です。じっとしてはいられませんでした。

ちなみにホテル代については私が払うと言いましたが、結局一泊分のみ私が払い、あとはすべて息子が自分で払いました。せっかく汗水流して働いたお金をこんなことに使うとは……と悔しかったかと思いますが、健康管理を怠ったため仕方ないです。反省を感じてか残りの宿泊費を自分の財布から払いました。息子なりのプライドなのでしょう。

後日、元気になってから「普通に日々を過ごせるって有り難いよね」とか「普通にご飯が食べられるって有り難いよね」「健康でいられるって有り難いよね」と、息子と笑いながら話しました。あまり経験したくないことではありますが、普通に過ごせるありがたみを親子ともども感じたのです。

一方、この時ほど親の無力さを感じたことはありません。助けを求めているのに何もしてやれずただただ無事を願うことしかできません。一緒にいたら、おかゆの一つも作ってやれたしスポーツドリンクの一本でも買いに行ってやれたでしょう。しかし何もできず、スマホをにらみながら一刻も早く回復することを願うしかできない日々はしんどかったです。

振り返ると、息子と私にとっては辛く虚しい体験でしたが、今となっては、ある意味で良い経験になったかと思います。健康で不自由なく生活できること、普段の何気ない日常がどれだけ幸せかを痛感しました。そして社会人になるとそれこそ一人で生きていかねばなりません。一人で生きていく大変さを親子ともども身をもって感じたのです。

ただ、何事も経験と言いますが、できればこういう経験は今回限りで終わりにしてほしいものです。あぁ、しんどかった……。

利尻島と礼文島【八月】

―息子からもの申す―

稚内で腹痛に悶えている間に雨雲が去ったのか、ぼくが利尻島に行くと雲一つない青空が広がっていました。足止めを食らってよかった。

当初の予定通りぼくは利尻島と礼文島に行きました。結果的には利尻島よりも礼文島がすごく好きという感想になりました。

なぜそうなったのか……。

利尻島は稚内の西側にポツンと浮かぶ島で近くには礼文島もあります。利尻島には真ん中に大きな山、利尻山がそびえたち、遠くからでもよく見えます。利尻昆布やウニをはじめとした海産物や美しい風景が広がる素敵な場所です。

ぼくが利尻島に来た目的は、利尻山（1721メートル）に登ることです。日本百名山に数えられる利尻山は、島の最北に位置し多くの登山者の憧れの山でもあります。中腹にキャンプ場があるのでそこで前泊し、登ることにしました。

山の管理小屋で話を聞くと、登山口から山頂まで往復十時間近くかかるかなり長いコースになっていると何度も注意されました。これはなかなか登りごたえのある楽しい山かもしれないと期待に胸が躍ります。

翌朝、早めに起きだし午前五時ごろに登山を開始しました。早朝ということもあり涼しく順調に標高を上げていきます。この日はお盆休み真っただ中だったので、登山客も多めでした。追い抜いたりしつつ登ること三時間弱、山頂につきました。

利尻山の頂にて。

あれ？　はやくない？　今はまだ午前八時です……。

天気がいいので山頂で一時間ほどグダグダ。多くの登山者が山頂で感動の言葉をかけあっています。お盆とはいえ山の上は少し寒かったので、午前九時ごろ下山を開始し、あっという間に登山口へ。午前十時半でした。

あら……ちょっと物足りない……。

まだ元気なので、自転車をレンタルして島を一周することにしました。途中に無料キャンプ場もあるのでそこで寝ることにします。青い海と青い空と天を衝く利尻山。最高ですね。

しかし翌朝、事件が起こりました。無料キャンプ場にはトイレがありました。もちろんぼっとん便所です。元気になった胃腸に喜びながら用を足していると、「ぴちょん」とおしりから太ももにかけて水がかかった気がしました。ありゃまと思い紙でふき取ってみると……茶色いしみが……しかもめっちゃ臭い。そのにおいは朝日岳縦走の後の靴のにおいと一緒です。そうです、最悪なことに、ぼっとん便所でおかわりをいただきました。朝からテンションが最低値を更新し、最悪な気分です。

島を一周して港に戻り、テンションを上げるためウニ丼を食べました。お値段なんと四八〇〇円！

「た、たけぇ……おまけに量も少ねぇ……ウニはまだしも米まで少ねぇ……」と心の中で叫びました。

なんとしたことか……利尻山はあまり登りごたえがなく、トイレでおかわりをいただき、楽しみにしていたウニ丼も……タイミングが悪かっただけかもしれませんが、なんとも言えない気持ちになりました。

利尻島は冬に行くのが良いのかもしれませんね。あの斜面をスキーで滑り降りたい……などと思ってしまいました。

予想を裏切る展開にテンションが下がってしまいましたが、気持ちを新たに次は礼文島に行きます。稚内で会ったおじさんの人生を狂わせた礼文島……楽しみです。

礼文島は利尻島の北西に位置する細長い島です。車が通れる道は島の東側にしかなく、西側は登山道のようなトレイル（自然歩道）しかありません。

礼文島では、西側の道を20キロメートルほど歩いて民宿に泊まろうと思っていました。いつか焼尻島で出会ったおじさんが「礼文に行くなら民宿でリーズナブルに海鮮を楽しめ」とアドバイスをくださっていたので、その言葉に従いました。

礼文島では上陸したその日にバスで島の北部へ移動し、キャンプ場に泊まりました。民宿は島の南端にあるところに泊まる予定で、島の北側から南へ20キロメートルほど歩いて民宿に行き、海鮮を食らうという計画でした。

高価なウニ丼……懐が痛かった。

翌朝、日の出とともに起床し食事をとりテントを片付け出発しました。利尻もそうでしたが、海がとてもきれいです。深い青色で透き通った海は見ていてうっとりするほどです。車道をしばらく歩いてからトレイルに入ります。最初は笹原が続きました。かつて、礼文には見事な森林がありましたが、この笹原はその伐採の跡地だそうです。そんな歴史がありますが、広大な笹原には目を奪われました。朝の弱い光の中、風が通り抜けていく様は本当に美しかったです。

笹原をしばらく歩くと樹林帯に入ります。針葉樹林です。この頃になると日も高くなってきましたが、樹林帯なので木漏れ日が気持ちよく、落葉で地面も柔らかいため快適に歩けました。針葉樹林帯を抜けると、今度は広葉樹林帯です。白樺が道沿いに生えていて、時折木々の間から青い海が見えます。この短い距離・時間でこんなにいろんな景色が見られるなんて、なんと素敵なトレイルなのでしょう。ぼくは満足しました。

礼文島の雄大な景色。

さらに進むと、樹林帯を抜け崖地に出ました。ここから一気に標高を落とし、海のすぐそばを歩きます。遠くから見て青く澄んでいた海は、近づくとまた違った雰囲気でした。海藻が生い茂り、貝やらなんやらが見えます。きれいで豊かな海ですね。

礼文島の真ん中を過ぎたあたりからは、まるで高山帯の稜線のような風景になり、木の全くない草原が風になびいています。

そんなこんなで六時間ほど歩き、良い汗をかいたところで、民宿に到着しました。いやあ楽しかった。短い時間で様々なところに行った気がします。とてもとても満足です。

民宿につくと、お風呂の用意が整っていて、汗を流しビールをいただきます。あぁ、幸せ……。

夕食はというと、ホッケの刺身にウニ・カニなどなどうまいのなんの！　もう思い残すことはありません。

利尻では少し残念な気持ちが多かったですが、礼文では気分も回復し良い想い出になりました。今度は花のきれいな時期に来たいものです。

来てよかった。民宿に泊まってよかった。焼尻で会ったおじさん、ありがとう！

─ 親父からもの申す ─

休学期間中に一通だけハガキの便りがありました。ちなみに宛先は私たちではなく私と妻の両親、すなわち息子にとっての祖父母宛のものでした。

そのハガキはまさに礼文島の民宿からでした。礼文島の景色と近況を伝えるメッセージが書かれており、民宿でビールを飲みながら遠く実家を思い書いてくれたのでしょう。その情景が浮かんできて親としてもゆったりした気分になり癒されました。

我が家ではよくハガキを書きますし書かせます。特に御礼の際は必ずと言って良いほどハガキを書くように伝えています。ＳＮＳや電話で終わらせるのではなく、相手からの気持ちを大切に受け止め、その気持ちに丁寧に応えるという習慣をつけさせたいと思っていました。これについては息子三人とも認識してくれて文句を言わず対応してくれます（三男は特に絵が上手なので絵ハガキを書きます。なかなか見事なものです）。

話は戻って、利尻島と礼文島の自然の素晴らしさがペンをとらせたのかもしれません。ちなみに

遠く実家を思いながら……。

ハガキには黒のボールペンで礼文島の風景がとても繊細に描かれており素敵なものでした。

時代の流れで、このような面倒なことをする人も少なくなったかと思います。しかし私はこだわりつづけたいですし息子たちにも伝え続けたいと思っています。

私は手書きの文字には力があると思っています。そして年賀状には必ず一筆書くようにしています（この年賀状の文化も少なくなってきましたが）。実際、年賀状に様々な文字や絵が印刷されていても、目が行くのは手書きの一筆です。その点でも、やはり手書きの文字には力があると感じています。私からすれば、一〇〇文字のメール文章よりも、一〇文字の手書きの一筆の方が気持ちが伝わると思っていま

息子からのハガキ。

す。気持ちを伝えるときは、面倒でも手書き（直筆）にこだわってほしいと願っています。

今回、ハガキを書きながら一人旅を振り返ったことでしょう。そして実家で自分を思ってくれている人たちのことを思い返してくれたことでしょう。さらに絵や文章を書きながら、今の自分を振り返り、今の自分が「当たり前」ではなく「有り難い」のだと感じてくれたら嬉しいです。

息子にハガキを書こうと思わせた利尻・礼文をはじめ北海道の自然に感謝しますし、そのハガキを見て息子がとても良い時間と体験をいただいていることを嬉しく思います。感謝。

知床連山縦走【八月】

―息子からもの申す―

知床半島。日本国内でも数少ないありのままの自然が残る無人地帯というイメージがあります。

皆さんにはどんなイメージがありますか？

この年の夏、ぼくは知床半島を二回訪れました。一回目は知床連山に一人で、二回目は知床岬に友人とふたりで。

まずは一人で行った知床連山のお話から始めます。


お盆も過ぎた頃、知床岬の真ん中にそびえたつ羅臼岳（１６６１メートル）に登ろうとしていました。羅臼岳は日本百名山にも数えられる山で、知床半島で一番標高が高いです。ぼくは一泊二日で、羅臼岳を含めた知床連山を縦走しようと思っていました。しかし、ここでも縦走あるある問題がありました。それは下山した場所から車のある登山口まで18キロメートルあり、林道にはバスなどの公共交通機関が通っていないので歩かねばならないことです。大雪山のように歩いて往復しようかとも思いましたが、この頃になると一人での山登りに辟易していました。かといって羅臼岳だけだと日帰りで登れてしまうので、少しもったいない気がします。悩みましたが、下山後の18キロメートルは歩くことにします。

本州ではお盆を過ぎても夏山シーズンは続きますが、北海道はすでに秋の気配がすぐそこまで来ていました。山の上はというと、紅葉はまだですが、木々の元気がなくなり少し寂しい印象です。それに登山者が少なく日帰りで羅臼岳に登る人がちらほらといった感じ。

朝、羅臼岳を見ると立派な笠雲ができていました。山頂は風が強く結構寒そうです。それでも天気はとてもいいので良かったです。テントや食料やらを担いで出発しました。

知床には皆さんご存じの通りヒグマがアホみたいにいます。そちらの方も注意しつつ登ります。

しばらく歩くと登山者に出会いました。立派な髭を生やし、腰には大きな鉈、そして使い込まれたジーパンをはいたクマみたいなオッサンです。この人は多分ヒグマではないはず……。恐る恐る挨拶をすると、とても気さくな人でした。ホッ。

「おお！　兄ちゃん今日は泊まりか？」クマみたいなオッサンが言います。

「はい！　テント泊の予定です」

「そいつはいいなぁ。今日は泊まりの人は誰もいないだろうから最高だね！　クマはいっぱいいるだろうけど」

と笑いながら語ります。

オッサン曰く、この日この山域で泊まるのは、ぼく一人のようです。うほぉ、クマこえぇ……。

一人で泊まることはさておいて、とりあえず羅臼岳山頂を目指します。朝、予想していた通り山頂は爆風でした。山頂直下の岩陰に登山者が数人身を潜めていました。風が強く寒すぎてみんなここで休んでいるようです。

羅臼岳の頂にて。

「山頂に行くの？」登山者の一人が声をかけてきました。

「はい……。風強いですね……」

「まじで爆風だから飛ばされないように気を付けてね」と、有り難い言葉をいただきます。

まじで風がやばいようです。ぼくも三角点だけタッチして避難することにしようと思います。山頂まで10メートル、覚悟を決めて岩の上に出ます。途端、爆風に体を持っていかれそうになります。なるほどすごい風だ、そしてめっちゃ寒い！


その時、三角点の向こうに人影が見えました。なんとその人は、一人で爆風に耐えながらラジウス（バーナー）でお湯を沸かしていました。そんなところでしなくてもいいのに……。

山頂の写真を撮り、急いで岩陰に戻ってくると、山頂にいた人のことを聞かれました。なんでもその人は二十分以上前からそこにいるらしいのです。山にはいろんな強者がいますね。

岩陰で少しおしゃべり。最初に声をかけてきた人は四国から来たといいます。四国のおすすめの山をお聞きしました。いい情報を手に入れたぞ！

山頂で出会った人たちは全員日帰りでした。今晩、幕営をするのはぼく一人であることがいよいよ濃厚になってきました。怖い……特にクマが怖い……。

しかしここで、ぼくはあることに気が付きました。今日はあまり寂しくないのです。

大雪山では、一人であることがとても苦痛だったのに、一人ぼっちという状況を心地よいと思う自分がいます。全く人がいない状況になると一人であることがそれほど問題ではなくなるのでしょうか？　街中や大雪山のように、周りに人がいてみんな楽しそうにおしゃべりしていると、そんな人たちと自分を比べて苦しくなってしまうのかもしれません……。面白い事に気づけました。

登山者たちと別れて少し歩きました。羅臼岳から少し北側の池のほとりにテント場があり、今日はそこで寝ます。日が傾くと風も収まり、穏やかな夜になりそうです。

オホーツク海に日が沈み、空は真っ赤に焼けました。きれいでした。夜になり、雲一つない空には煌々と月が照り、水面に映っていました。夜中にテントから起きだすと、月が沈んだのか星が燦々と瞬いていました。静かです。なんと素晴らしい夜なのでしょう。

この時、旅を始めてから初めて一人でも良かったなと思いました。誰かと一緒に景色を見てあーだこーだ言うのも楽しいし素敵な時間ですが、一人で静かにただただ目を見開く時間もまた良いものです。少しずつぼくも成長しているのかな？

翌日、日の出とともに起床し、テントをたたんで出発です。雲一つない空の下を一人歩きました。昨晩の余韻があってか、心が凪いでいます。あぁ、来てよかった。

クマと過ごす夜（一人ぼっちのテント泊）。

と、ここまでは良かったです。しかし、問題はここからでした。下山後18キロメートル歩かないといけないのです。嫌だ！　歩きたくない!!

ただ下山口にはカムイワッカ湯の滝という、滝自体が温泉という名所がありました。計画を立てていた時は気にも留めなかったのですが、行ってみると車が十台ほど停まっているではありませんか！　意外と人気のスポットなのか？

これはヒッチハイクができそうです。やった！　歩かなくて済みそうだ。と、いうことでさっそくヒッチハイクにとりかかります。今回とった方法は道に立つのではなく、運転手さんに直接話しかける戦法です。ちょうど一組の夫婦が滝から帰ってきました……さて行くか。

とりあえず挨拶をし、登山を終えて帰りたい旨を伝えると、あっさり了承していただけました。仕事の関係で北海道に渡ってきたというご夫婦と北海道トークをしつつ、知床五湖まで11キロメートル乗せていただきました。ありがたいです。大幅に短縮できたのであとは歩いて帰れそうです。本当にありがとうございました。

残りの道のりを歩き切り、無事に車まで戻ってきました。あとは温泉につかってミッションコンプリートです。

大雪山縦走を経て、一人で行く山はツマラナイものだと思っていました。しかし場合によっては、一人でも楽しいことがわかりました。

とはいえ、寂しいのは嫌なので今後はできる限り友達と山に行こうと思います！

― 親父からもの申す ―

いよいよ北海道の旅も佳境に入ってきました。知床半島での一人登山はクマがちらつき本当に胃が痛い日々でした。ただ、私も本書でその詳細を知ることになりましたので、息子のその場その場での考えや行動がわかり、いまさらですが少し安堵しました。

そして自然の驚異や広大かつ雄大な景色が息子を魅了していることが感じられてとても嬉しく思います。

そのような状況がわかるのが時々ＳＮＳで送られてくる写真でした。

写真についてのエピソードとして忘れられないのが、息子が大学一年生の時、一緒に行った屋久島への旅行でした。テントと車中泊を中心に屋久島まで行って縄文杉を目にする（写真に収める）のが目的でした。私にとってはとてもサバイバルな経験でしたが、息子はたいしたことないようでした。

さて、その縄文杉ですが、目の当たりにするとそれは想像をはるかに超える大きさで、かつ偉大で神秘的でありました。

屋久島での滞在中はほぼ雨でした。縄文杉アタックの際もずっと雨の中を歩き続けました。ただその中で一瞬だけ雨がやみ、一筋の光が差し込んできた瞬間がありました。その瞬間、苔におおわれている私の周り一体が、全面エメラルドのような緑色に輝き、その光景には息をのみ、一瞬の出来事でありましたが、しっかり私の脳裏に焼き付けました。一方の息子は、そのタイミングを逃さずシャッターを切り、そしてしっかりと写真に収めてくれました。その写真は、今も私の仕事場のデスクマットの下に敷いており、忙しい時でも写真を見るたびに神秘的な空間がよみがえりとても癒されます。

今回の旅でも写真は重要だったようです。旅の途中で帰省した際にも、アルバイトで稼いだ一一万円を握り一緒にカメラを買いにいきました（ただし、まだ新品には手が届きません）。

そのようなことから、本書でもできるだけ多くの写真を掲載したいと思いました。特に北海道の大自然や全国にある悠々たる山々の写真はぜひ見ていただきたいと思います。我流ではありますが、とびっきりの一枚を求めて日々取り組んでいる息子の姿を重ねてご覧ください（※巻末にとっておき写真を掲載しています）。

片時もカメラは手放さず（屋久島にて）。〈大学一年生　夏〉

一期一会【八月】

―息子からもの申す―

知床連山を登り終え、ヒッチハイクが成功したこともあり思いのほか予定に時間ができました。特にやりたいこともなかったので車で移動することにし、地図を見ていると少し行ったところに阿寒湖がありキャンプ場もあるみたいなのでそこで寝ることにします。

二時間半ほど車を走らせ、夕方にキャンプ場に到着しました。静かできれいな素敵なキャンプ場です。ぼくの他にバイカーのおっさん数名と家族連れがちらほら。やんちゃそうな子供たちも楽しそうに遊んでいました。みんなここに泊まるようです。

その時ぼくは食料をあまり持っていなかったので、テントを設営してから阿寒湖畔のさびれたお店でラーメンを食べました。知床連山では一人の寂しさを克服したように感じましたが、下界（人間界）に帰ってくるとものすごく寂しい。あぁ、だれかと楽しくご飯が食べたい……。そんなことを思いながら夕暮れ時のお土産屋街を、とぼとぼ歩いてキャンプ場に帰っていきました。

キャンプ場へ帰ってくると、ぼくのテントの近くにいた家族が楽しそうに焼き肉をしていました。

いいなぁ。楽しそうだなぁ。

寝るのにはまだ早い時間なので、登山に使った荷物の整理や寝床を整えていると先の家族のテントから聞こえてくる会話に若い男性の声も混ざっていることに気が付きました。

「へぇ、夏休みで自転車旅行してるんだ！　すごいねぇ」

「いやいやそんなことないですよ……」

そちらに目をやると、テント設営時にはいなかった兄ちゃんの後ろ姿が見えました。状況を推察するに、このキャンプ場にはぼく以外にも大学生の兄ちゃんがおり、その人は隣のテントのご家族と一緒に楽しく過ごしている……ようです！

あれだけ楽しそうにしているならば、兄ちゃんが一人から二人に増えても変わらんでしょう！と都合の良いように考え、少し迷いましたが思い切って声をかけてみることにしました。

「あのぉ。楽しそうな声が聞こえてきて、いいなぁと思って……仲間に入れていただけますか？」

もう、ドキドキです。

「おお！　いいじゃんいいじゃん一緒に呑もうよ！」

とお母さんが快く返事をくれました。

やったぁ！　お友達ができた!!

どうやらこの方たち（Fさんご一家）は釧路に住んでいる四人家族で近所のお友達も一緒にみんなでキャンプをしていたようです。そんなときに近くをうろうろしていたもう一人の大学生を捕まえて話していたら、その声にぼくもおびき寄せられてしまい……と、ご覧のありさまになりました。

もう一人の大学生Tくんは京都の大学に通っていて、夏休みに北海道を自転車でうろうろしているそうです。数日後、仲間と合流しさらにうろうろするらしい。めっちゃおもろいやん。

一人でいることが寂しくて声をかけたらとんでもなく楽しいことになって、勇気を出してよかったと思います。

その後まだ暴れたりない息子さんとそのお友達とボール遊びをしたりして楽しく過ごしていました。いやぁ、元気だ……。子供たちと遊ぶと様々なことに気づかされます。彼らは本気で真剣に遊ぶのです。ぼくも本気で真剣に遊ぶぞ!!

日が落ちて夜になりました。夏の時期、阿寒湖畔では夜にもイベントがあるらしくFさんご一行とともにイベントに参加し、一通り遊んでから再びテントに帰ってきました。子供たちはさすがに遊び疲れたらしく、寝袋でどうやって寝るかとぶつくさ言いながら寝静まってしまいました。

まだ起きている大人たちは残ったお肉を焼きながらお酒を飲みます。途中の道の駅で買った焼酎をここぞとばかりに引っ張り出してきて飲みます。どんなことを話したかあまり覚えていませんがとても楽しかったことだけは実感として残っています。おそらく夜中の一時ごろにお開きとなり、各々テントに帰って寝ました。

翌朝、Tくんは網走まで自転車で移動の予定で早くに起きだして出発の準備をしていました。あれだけ遊んだというのに子供たちも起きだしてきて、一緒にボール遊びをします。元気だ。

午前六時過ぎにTくんは出発しました。旅が終わったら京都で酒を飲もうと約束をし、ひんやりと冷たい空気の中力強く漕ぎ出していきました。

Tくんとは翌年の春に再会を果たし、積もる話に花を咲かせましたが、これはまた別のお話。ここでは割愛させていただきます。

一方ぼくはずーっと暇なので、しばらくFさんたちと一緒にいることにします。この日は阿寒湖畔のホテルの屋上にあるプールで遊び、パン屋でサンドイッチを買っていただき、昼過ぎにお別れをしました。楽しかった!!

さらに嬉しいことに、二日後釧路周辺に行くことを告げると、お家に泊めていただけることになりました。見ず知らずのちゃらんぽらんな若者を家に招待するという、なんとお心の広い方なのだ。

二日後、お家にお邪魔するとおいしい手料理や釧路のお酒でおもてなしをしてくださり、小学校四年生になるお兄ちゃんも自分の好きな歴史のことや地図のことをいっぱい話してくれて、まだ一歳の弟くんはもうかわいくてかわいくて……。本当に素敵な時間を過ごせました。

日本には「一期一会」という言葉がありますが、本当にその通りだなと思います。人生一回きりだし、その中で出会える人は限られてきます。もし幸運にも出会えたならその人を大切にして仲良く楽しく過ごせたらいいなぁと思います。そんなことが積み重なって楽しい毎日になるのかな?

何がきっかけで人と仲良くなるかわからないですね。

Fさんご家族、Tくんどうもありがとう!!

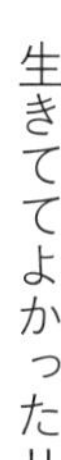

クマの巣窟（知床岬海岸トレッキング）【九月】

―親父からもの申す―

今回の旅において、親として安心感を得るために息子にＧＰＳ端末を与えました。一人での登山の際は必ず持っていくように伝え、端末代金と維持経費を私が払うことにしました。スマホにもＧＰＳ機能はついていますが、息子の旅においては電波の届かない場所なども多くあるためしっかりとした端末の方が安心と考えました。入山前に息子からの連絡により数分ごとの状況を共有できます。妻はニヤニヤしながらお父さんにも持たせようかと言っていましたが、断固として反対しました（笑）。

さて、そんな端末による妻の楽しみがありました。それは息子が登山した後、息子が歩くと予想されるルートに近い場所で撮影された動画をSNSで見つけて視聴するというものです。それを見ながら息子の姿を思い浮かべ、こんな景色を見ているのかな？などと楽しみます。

この度、息子から知床岬のトレッキングに行くとの連絡がありました。妻はさっそくSNSで知床半島の投稿動画を探しましたが、そのほとんどが海側からのもので、なかなか陸側からのものはありません。ただ息子のいる場所を確認しながら眺めているであろう風景を想像し、それに近い画像や動画を見るのを楽しみにしていたようです。

しかしあろうことか息子は端末を忘れて出発してしまいました。このために買ったといってもいいくらいなのに……。安心感も得られず、さらに楽しみにしていた陸路の知床半島を想像することもできません。妻の落胆は大きかったですし端末を持たないで知床半島に入っていった息子を思うと夫婦そろって生きた心地がしませんでした。車は一切入れないし電波が悪く連絡が取れずクマがうじゃうじゃいます。そこでテント泊をして知床半島最北端を目指すなんて本当に勘弁してほしいです。しかしながら息子はしっかりと帰ってきました。何事もなかったようにケロッとして「楽しかったぁ！」と言っていました。その連絡とともに全身の力が抜けていくのを感じました（笑）。

端末を使わないのはこの時だけでなく、ほとんどの山で使うことがありませんでした。その後、息子と話をしていると、息子自身どうも誰かに見られている（監視されている）のが嫌なことがわかりました。確かに監視下で旅をするなんて嫌ですよね。息子から言わせると「もっと俺を信じろ！」とでも言いたかったのかもしれません。反省しました。ただ、常にどんな時も位置を教えてとまでは言っていません。大人ということは理解しているつもりですが、親としてはせめて危険性が高い場所（ここは危険度高すぎない？）だけでもいいので使ってもらい安心感を得たいだけでした。親の思いと子供の思い、なかなかうまくいきませんね。

そのようなことで、今から私たちも魅惑の知床半島を本書で体験したいと思います。

― 息子からもの申す ―

前回知床連山を縦走してから二週間後、ぼくは再び知床半島を訪れていました。今回は二人です。行動を共にする友人は山と写真とサウナを好むHさんです。三年前に別の友人とアラスカへキャンプをしに行った時に初めてHさんと出会い、一緒に楽しいひと時を過ごしました。帰国後、連絡先を交換していなかったためお互いどこで何をしているのかわかりませんでした。しかし、二〇二一年の六月にぼくの働く山小屋に偶然Hさんが来たことで奇跡の再会を果たし、この度一緒に知床岬を目指すことになりました。

さてぼくたちが目指す知床岬ですが、ここはクマの多い北海道の中でもとりわけ多い地域です。北海道へ渡ってきてもうすぐ二か月が経とうとしていますが、いまだクマはかなり遠くからしか見たことがなかったのでもう少し近くでじっくり見てみたいなあと思っていました。

また、知床岬に徒歩で行く場合、立ちはだかる困難はクマだけではありません。ぼくたちが歩くのは知床半島の東側の相泊から往復40キロメートルほどですが、その間に難所がたくさんあります。海へ張り出した崖を高巻きしたり、へつって移動したり、潮の干満を見極めて岩畳を渡ったり。そしていつでもどこでもクマと出くわす可能性が高い。なかなか大変そうですね。

海岸を歩くほかにも岬へたどり着く道は存在します。ひとつは知床連山を縦走していく道のりです。夏だと登山道がないためひたすら藪漕ぎをしないといけないので、冬になって雪が積もってから行く人も時々いるようです。一般の観光客は船で知床岬を遠目に眺めることができますが、上陸はできません。そのような状況の中、ぼくとHさんは知床岬最北端を目指して冒険に臨みます。

足場の悪さが体力を奪う。

一日目

日の出とともに相泊を出発したぼくたちは、自然のままの姿の海岸をひたすら歩きます。一日目は知床岬までの道のりの三分の二あたりでテント泊する予定でした。観音岩の高巻き、トッカリ瀬、剣岩の渡渉、近藤ヶ淵のへつりなどといった多くの難所を越えねばなりません。自然の世界へ緊張感をもって足を踏み入れます（専門用語が多いですが、それほど大変な道のりということなのです）。

一時間半ほど歩くと観音岩が見えてきました。なかなかかっこいい見た目をしていますが、これを越えなければならないことを考えると見とれてばかりはいられません。ぼくとHさんは二人ともクライミングの経験があまりないので、できれば登攀は避けたいと思っていました（ここでいう高巻きというのは、直登できない滝や大きな岩などに対して左右の地形上の弱点を突いて巻き登る（下る）ことを言います）。事前に調べていたところ観音岩は徒渉（川などを歩いて渡ること）でも通過できるとのことでした。幸運なことにこの日は新月です。新月の時は大潮といって干満の差がかなり大きくなります。徒渉もかなり楽になるはずです。

干潮時刻は午前八時七分でしたが観音岩にたどり着いたのは午前六時半。それでも大潮だからか、かなり潮位は下がっていて無事徒渉できました。

観音岩を越えてしばらく行くと、巨岩地帯に入ります。高さ2メートルを超えるような岩がゴロゴロ。登ったり下りたり、くぐったり、さらに大きなザックを背負っていたので引っかかったりしながら苦労して進みました。

知床岬に至る海岸線は石浜です。握りこぶしかそれより大きいくらいの石がころがる海岸は、足をとられてとても歩きにくいです。そんな場所を何時間も歩きます。ぼくもHさんもこのような場所は歩きなれていないのでとても疲れました。

しかし、そんな疲れも吹き飛ばすような景色が常に目の前に広がっているのでぼくたちは元気でした。人の手がほとんど入っていない風景は、三年前のアラスカを思い出させました。今まで見てきたこと、経験したこと、これからやりたいことなど様々に語り合いながら歩き続けます。

お昼ごろ、岬までの道のりの半分まで来ました。ここまで来れば今日はあと少しです。ペキンノ鼻という上部が平らになった場所でお昼休憩しました。天気は快晴。吹き抜ける風もちょうどよくお昼寝日和です。あぁ、ここで寝てしまいたい……。

お昼ご飯を食べ、グダグダしているうちに二人とも根っこが生えてしまい動けなくなってしまいました。ま、

予想を上回る過酷な道のり。

いっか。今日はここでテント泊しよう！

この日予定していた幕営場所までまだ距離はありましたが、明日の自分に頑張ってもらうことにして今日は好きなようにのびのびします。お昼寝をしたり、本を読んだり、写真を撮ったりしているうちに夕方になったので夕食を食べます。

知床半島ではヒグマを食べ物のにおいで誘引してしまわないように、アメリカの国立公園をまねた対策をとっています。用意するのはフードコンテナです。これは小さなドラム缶のような見た目をしているプラスチック容器で、クマが乗っても壊れないくらい丈夫です。開閉はコインを使って行います。クマには開けられないので、この中に食べ物とかにおいの出るものをしまいます。そして、食事はテントから100メートル離れた風下側でとり、フードコンテナもまたテントから離れた別の場所に置いておきます。これはヒトと食べ物を関連付けさせな

荷物はクマの手が届かない高さに括り付けて寝る。

いために行います。ヒトと食べ物が関連付いてしまうと、クマは食べ物を得るために人を襲うようになってしまい、人を襲ったクマは殺されてしまいます。お互い不幸になってしまいます。

こうしたことはぼくもHさんもアラスカで勉強済みだったので、「アラスカと同じやね〜」と言いながらスムーズに食事をとれました。食後、翌日の分の水をくむために歩いていると、遠くに黒い影がうごうごしていました。

はっ！　クマだ!!

ぼくは今まで野生のクマを見たことがないわけではありませんでした。それは、自分が安全な場所にいて遠くから観察するといった感じでした。しかしこの時、クマとぼくたちの距離は150メートルくらい。ぼくたちには絶対に安全な場所はありませんでした。もしクマが襲ってきたら、走って逃げるか素手で戦うかという選択しかなかったのです。ぼくはクマを見られた感激よりも怖さの方が上回ってしまいオロオロ。しかしこちらが声を出すと、クマも人の存在に気づきのそのそと森へ消えていきました。いやぁ怖いですね。

寝る前にクマを見てしまったので、日没後そそくさと寝袋の中へ入り不安の中寝落ちしました。

翌日はいよいよ知床岬に立とうと思います。しっかり寝なければ。

二日目

日の出とともに起床し、無事生きていることを確認して安心しました。さて今日は知床岬のその先端に立とうと思います。一日目にサボってしまったので今日はたくさん歩かないといけません。朝食をとり、テントをたたみ、ザックに荷物を入れて出発です。

出発早々、まだ眠っているキツネに遭遇。寝ているところを突然起こされ、寝ぼけているのか本当にぼやぼやしていました。起こしてごめんね。

二日目は大きな高巻きが二か所あります。念仏岩とカブト岩と呼ばれる場所です。カブト岩はなんと１００メートルも高巻きしなければなりません。

ペースを上げたいところですが、Ｈさんの足の動きがよくないのです。どうやら慣れない海岸歩きでかなり疲れてきているようです。そこで荷物を置いていくことにしました。テントと食料など。非常食と浄水器と雨具だけをもって再出発。おかげで念仏岩はさっと越えてカブ

満身創痍で目的地を目指す。

ト岩へ向かいます。カブト岩も結構ハードでしたが何とか越えて、あとは平らなところを歩けば先端部だ！と思った矢先、前方からクマの親子がこちらに向かってきました。ワオ。クマの親子は特に危険です。うぅ、こっちこないで……。少し斜面を登って遠巻きに眺めていると、母グマが海へ飛び込みしばらく泳いでいたと思ったら口に魚をくわえていました。「はっ！　お土産の木彫りのクマでよく見るやつや！」まさか本当に魚を口で捕まえて歩いているなんて……それを子グマと一緒に食べてる。かわいい。依然怖かったですが貴重な光景を見ることができました。

クマの親子とうまいことすれ違い、いよいよ知床半島最先端部を歩きます。先端部の海岸は砂浜になっており、今まで以上に人の痕跡が感じられない静かな景色が広がっていました。わくわくがとまりません。しかし同時にHさんの体力も限界が近づいている様子でした。Hさんを励ましながら歩きます。最後の1キロメートルが長い。岬へ至る最後の道のりは、海岸を離れ、広大な草原を歩きます。この場所がとてもきれいなのです。なんだか夢の世界に来たみたい。

お土産でよく見るクマの親子と遭遇。

そして知床岬にたどり着きました。いやぁ結構長かった。岬の先には青い海が広がっていました。日本で最も訪れることが難しい岬に立っていることを思うとなんだか不思議な気分です。

しかし、帰りを考えるとゆっくりしていられませんでした。とりあえず記念撮影をし、喜びをかみしめたら出発です。帰り道はHさんにとってかなり過酷なものだったに違いありません。あとで話を聞くと、「念仏岩から先のことをあまり覚えていない」や「どこでビバークするか考えていた」など、かなり追い詰められていたようです。お、お疲れ様です！

日没直前、荷物を置いた場所まで戻ってきてテントを立てて一安心。Hさんはもうご飯を作る気力も残っていなさそうでした。目的は達成したので、アルファ米を食べて寝ることにします。

三日目

前日に頑張ったので少し遅めに起きだし、朝日を拝みます。Hさんも元気になったようでした。朝から冗談を言っています。

計画ではこの日のうちに相泊まで帰れたのですが、

知床岬最北端に立つ！

せっかくなのでもう一泊しようということになったので途中の気持ちのいいところでテントを立てたいと思います。

往路では高巻きやら徒渉やらがあるたびに大騒ぎしていましたが、慣れてしまったので特に何も思わずに難所を越えていきます。その分ゆっくりと景色を眺めながら写真を撮りながら歩きます。難所はあと観音岩だけというところで、テント泊によさそうな場所がありました。今日はここで寝て、明日はさっと帰ることにします。

裸になって海で泳いだり、ビールを飲んだり、日向ぼっこしたり相変わらず楽しく過ごしました。ただ、日没直前にヒグマを目撃してしまい、まだまだ油断ならない場所にいるのだなと思い知らされました。

夜になると暗闇があたりを包み、様々な音が聞

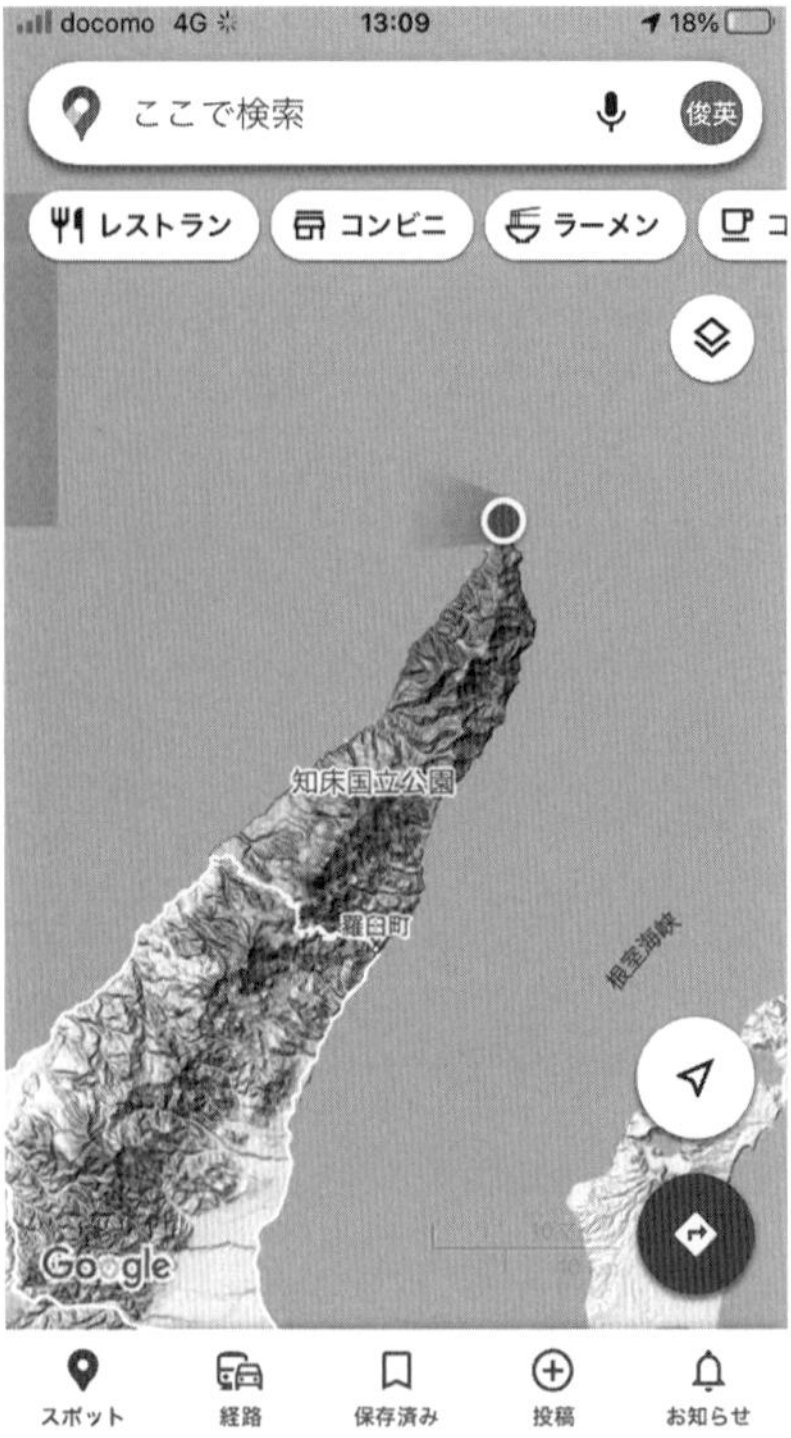

スマホのGPSにて。（Google マップより）

こえるようになります。水の音、風の音、石が転がる音、動物の鳴き声、草を踏む音……。昼間はあんなにきれいだった海も夜になると非常に恐ろしく感じられます。こういった時に人は無力だなあと思います。夜目は利かないし、力は弱く、足も遅い。自然にはただただ圧倒されて恐れを抱く。だから仲間と集まって家を建て集落を作り、明かりを得るために火を使った……。大昔から人類はそうやって生きてきたのだろうか？　そんなことを考えました。人間って不安になるといろんなことを考えるんですねぇ。

落ち着いてあたりを見回すと、天気がとてもよく星がたくさん見えました。本当に、めっちゃきれいでした。素晴らしい景色を見て、人間は無力だとか普段の悩みがちっぽけに思えるだとかいろんなことを考えると思いますが、何よりも満天の星を見てきれいだなあと感動できる心を持てたこ

とがとっても嬉しいです。この気持ち、大切にしたい。

ぼんやりと星を眺めていましたが、寒くなってきたので寝ることにします。

四日目

海岸トレッキング最終日です。あさイチで観音岩を越えて（高巻き途中、至近距離でクマに会って死ぬかと思った）、あと三時間ほど歩くと旅も終わりでした。ふと前を見ると、２００メートル先にクマがいました。知床岬への旅でぼくたちの目はものすごくよくなっていて、かなり離れていても瞬時に野生動物を発見できるようになっていました。

Ｈさんはクマの写真が撮りたいのでペースを上げてクマに追いつこうとします。クマは、食べ物を探しながらふらふらふら歩いているのでどんどん距離は縮まりました。１５０メートル、１００メートル、80メートル。しばらく追いかけるとクマの進行方向に人影がありました。遭遇してしまうのではないかとひやひやして見ているとクマが川に下りて何とか接触はしなかったみたいです。良かった。ただそのクマは見失ってしまい、Ｈさんは少し残念そうにしながら「楽しかったねー」「あのクマは今何してるんやろ？」「変な人間に追っかけられて嫌やったわーとか言うてるんちゃう？」などと話していました。駐車場まであと５００メートル！　もうすぐ人間界に帰れる！

人里が近いので、ぼくたちと海の間にはテトラポットが積まれていました。見失ったクマの話をしていたその時、テトラポッドが途切れて海が見えました。海の手前、ほんの数メートル先の岩の上に例のクマがいました。ばっちり目が合い、ぼくは「あらら」と思いました。ヒグマの方も「お……」という顔をしていました。しかし幸いなことに、クマの方が遠くへ逃げてくれたので事なきを得ました。ほんっとにおうちに帰るまでが遠足だなぁと思いました。

こうして知床岬の冒険が終わりました。かなりきつかったですが、めったに見ることができない様々な風景を見て感動をたくさんもらいました。

楽しかったですし、また行きたいなぁ……と心の底から思います。

この味は忘れられない。

ありがとう北海道！【九月】

― 親父からもの申す ―

知床岬での行動を知り、バディを気遣いながら引っ張る姿を想像するにつけ、このために高校三年間重い荷物をもって通学していたのかと一人合点がいきました。もし本当にそうなら伏線を回収しまくる男だとあっぱれと思います。

さて、北海道の滞在も大詰めです。もう北海道から帰ってこないいんじゃないかと思うほど北海道に魅了されたことがわかります。本当にかけがえのない経験をたくさん与えてくれた街だったと思います。

さて､そんな息子が初めて北海道に行ったのは､高校二年生の夏休みにオープンキャンパスに行った時でした。格安航空券を使ってカプセルホテルに泊まるという、超低予算での私との二人旅でした。これはこれで面白かったです。そしてその時に私の友人に会わせました。その友人Cさんは北海道のお寺の長男で大学時代からとても仲良くしてもらっています。

そして息子が北海道に初めて行ってから三年後、大学二年生の夏に突然「Cおっちゃんのところでお世話になっている」との連絡がありました。最初は何のことかわからず戸惑いましたが、北海道のCさんということがわかり、「なんでCさんのところにおるん?」と、焦りました。

息子いわく、その時は東北から北海道までヒッチハイクで旅をしたそうです。そして、北海道で唯一知っているCさんを訪ねたとのことです。ただ、高校二年生の夏休みに初めて会った（ほんの二時間ほど）だけなのに、厚かましくもそこに泊めてもらっているなんて……。さらにそんな息子を快く迎えてくれたCさんにも驚きです。

とりあえず急いでCさんに連絡を取り、厚かましい息子の行動を謝罪するとともに御礼を申し上げました。一方のCさんは快く受け入れてくれて、ご家族みんなで温かく迎えてくださいました。北海道の器のでかさに脱帽です。

息子も、そんなCさんのことが好きで、今回の一人旅でも二回もお世話になったようです。ただ、今回はCさんのお寺のお手伝いをしっかりしたらしく、Cさんからは「手伝ってもらって助かった」との言葉をいただきました。ありがたいことです。

私は子供が小さい時から、できるだけ私の友人（おっさん）に多く会わせてきました。私の友人家族とバーベキューをしたり、一緒に山に登ったり、海水浴やスキーに行ったりなどなど。その背景には「ナナメの関係」の中で成長してほしいとの思いがあったからです。今の子供たちは、タテ（親など）とヨコ（友達など）の関係しか知らないのではないかと感じています。私自身ナナメの関係の良さを感じていましたので、ぜひ自分の子供にもこの関係を知ってほしいと思っていました。近所付き合いが希薄になり、近所の面白いおっさんの存在を知る機会はほとんどなくなりました。昔だったら近所のおっさんに遊んでもらったり時には怒られたり、地域の中で刺激をもらいながら育ってきました。そのおかげで知らぬ間に大人とのコミュニケーションの取り方を学ぶことができたと思います。でも今はそんなコミュニティはほとんどありません。ま、物騒な事件やニュースを多く目にする世の中ですので仕方ないかもしれません。

そのようなこともあり、人柄や素行も知っていて何より信頼できるナナメのおっさんとの接点を持たせることに励みました。その影響か面白いナナメのおっさんを息子たち三人ともに大好きなようです。

ナナメの関係にいるCさんがいる北海道は、息子にとっていろんな意味で大好きな街なのでしょう。その北海道にいったん別れを告げるようです。そしていよいよ本州へ帰ってきます。旅は折り返し地点ですね。

北海道の皆様、愚息が大変お世話になりました。

ありがとうございました。感謝！

― 息子からもの申す ―

これまでの旅で知っていただいたとおり、ぼくは北海道で自由気ままに山に登ったりお酒を飲んだりそのへんで寝たりしていました。しかし、本州へ帰らなければならない時は刻一刻と迫ってきているのでした。

九月も中旬にさしかかり、大雪山では紅葉が始まり、夏が終わりつつあることを認識したぼくは慌てました。そうなのです！　ぼくは今は長野県の山小屋の従業員なのでした！

山小屋を下りた時、休暇は三か月だったのでその間に北海道から東北地方・中部地方あたりまでうろうろする予定でした。しかし、現時点で二か月以上がたってしまい、あと半月しかありません。そういえば日本百名山を登るとか言っていたような……。この二か月で新たに登った百名山はたったの六座……無理やん（笑）。

まぁ日本百名山はあきらめるとして、それでも十月には長野県に帰らなければなりません。北海道にはまだもう少し滞在したいと思っていましたが、お金もなくなってきたのでそろそろ働かなければならないとも思っていました。お金がないと動けなくなるし、山小屋の社長とも十月に帰ると約束していたのです。とりあえず北海道探訪はこの辺にしといてやろうと思います。

知床岬から帰ってきて、Hさんは大雪山に登りたいと言っていたので、旭川の登山口まで送り届け、再び一人になりました。

このまま帰ろうかと思いましたが、せっかくなので大雪山の紅葉を見てから帰りたいのでちょっと寄り道をします。この時は愛別岳（2113メートル）という山に登りました。大学の先輩が行きたいと言っていたことをふと思い出したからです。

大雪山はおおらかな稜線が印象的ですが、愛別岳は鋭く天を衝き山頂に至る稜線はナイフのように鋭く赤茶けた砂礫（されき）地になっています。非常に登山欲を掻き立てます。

さて、カラッとした秋晴れの中、層雲峡から登り始めたぼくは鼻歌交じりに軽やかに進みます。黒岳を越えて有毒温泉も見えてきました。紅葉はちょうど始まったばかりで、緑色の所と赤く色づき始めた所がモザイク状に入り混じっています。ものすごくきれいです。稜線上にはまだ雪渓が残っているところもあり、火口周辺は草の生えない砂地とモザイク状の紅葉、そこにいい感じに雲が影を落とし壮大な美しい景色がありました。

天気も良く気候も良いので快調に飛ばし、すぐに愛別岳に到着しました。見た目に反して山頂は意外と広かったので、コーヒーを淹れて六花亭のバターサンドと一緒にいただきます。そして少しお昼寝。最高の山日和です。

しばらく休憩したのち、天気もいいので寄り道をしながら下山します。中岳温泉といって登山道わきに温泉が湧いている場所があったのでそこに足をつけて景色を楽しみ、せっかくなのでお鉢周りもして、結局24キロメートルくらい歩きました。いやあ気持ちよかった。

山を下りるともう思い残すことはありません。さて、本州に帰りましょう。

途中、札幌によってお世話になった方や知り合いの方に会いました。ありがとうの気持ちを伝えてから、函館を目指します。函館では奮発してホテルに泊まり、考えに考えた居酒屋で海鮮と日本酒をたらふく食らいました。うめぇ。ウニの塩辛とクジラの刺身が死ぬほどおいしい……。ホテルに戻り、サッポロクラシックとおつまみとセイコーマートのソフトクリームを食べる。幸せだ。出張中のサラリーマンみたいだなぁ。そのままウトウトと寝落ちしてしまいました。

本当に楽しかった。ありがとう北海道。生きててよかった！

ふかふかのベッドで気持ちよく目覚め、チェックアウトしていざフェリーに乗ります。帰りは函館から青森です。夕方には本州の大地を踏みしめていることでしょう。

先にも少し触れましたが、当初の予定では北海道は三週間ほどですべての日本百名山九座を登ろうとしていました。結果的には三週間どころか二か月以上も北海道にいて、しかも百名山は六座しか登りませんでした。最初の目標は何も達成していません（笑）。

でもそれでも良いです。なぜなら楽しかったし、だれにも迷惑をかけていないからです。

本州に渡ったら残りの期間で何をするか計画を立てているうちにフェリーはどんどん青森に近づきます。いよいよ本州に帰ってきました。

もう一度言います。

ありがとう北海道！　また帰ってくるよ！

第3章 秋

本州の旅【九月～十一月】

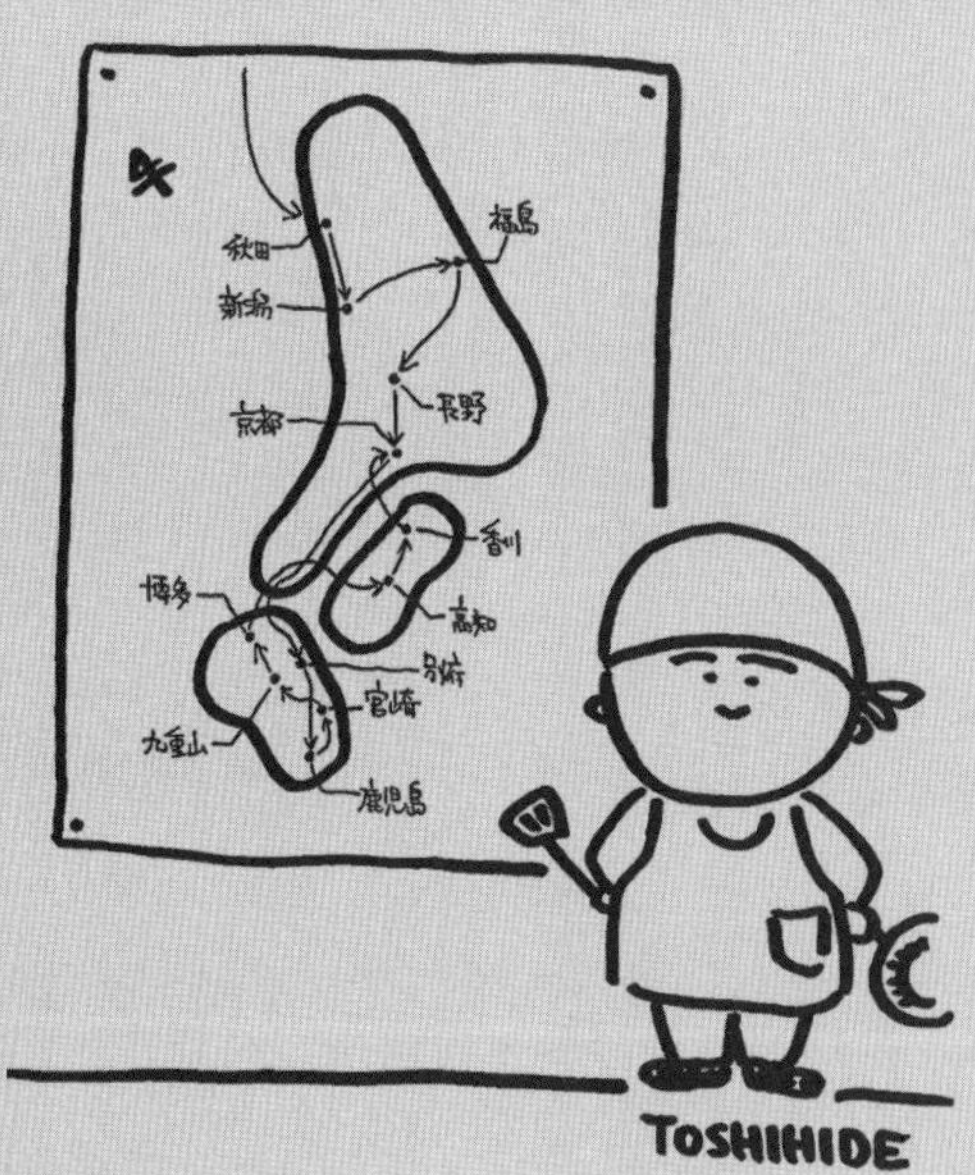

約束【九月】

― 息子からもの申す ―

北海道を無事脱出したぼくは、寄り道をしながら最終的には長野県を目指します。途中、大学の友人に会ったり温泉地をめぐったりしましたが、今回の寄り道の最大の目的は福島県に行くことでした。あるご夫婦に会うためです。

大学二年生の時、ぼくはヒッチハイクで東北から北海道を目指していました。山形・秋田・岩手を経て青森の八戸からフェリーに乗って北海道というルートです。今回会いに行くご夫婦（Mさんご夫妻）に出会ったのはこの時でした。岩手県の久慈というところから八戸まで乗せていただき、長時間のヒッチハイクで疲れていたぼくを夕食にまで連れて行ってくださいました。Mさんたちとフェリーターミナルで別れるときに、再会を約束しましたがまだ会えていなかったのでとても気になっていました。

今回はその約束を果たすべく連絡を取り、福島県まで遊びに行くことにします。Mさんたちが住むのは福島県の海側の地域です。初めて訪れる土地でした。

途中、洞窟探検（入水鍾乳洞）をしたり温泉につかったりしながらの移動だったので、Mさんたちのもとに到着したのは日が沈み暗くなってからでした。二年ぶりの再会です。しかし、まるでこの前まで会っていたかのように緊張はしませんでした。それよりもお二人に再び会えたことが嬉しくて嬉しくて、ぼくの顔はニッコニコだったと思います。

その後、近くのレストランでおいしいご飯を食べながら再会を喜び、積もる話に花を咲かせます。奥さんはとっても明るくて朗らかな方で一緒にいると自然に笑みがこぼれます。ご主人もとても気さくで話しやすく、穏やかな目をした方です。二人とも包容力があって、友達のようであり、人生の大先輩であり、親のように優しく包み込んでくださいます。ここでぼくは大いに旅の疲れが癒されました。

翌日は福島県の太平洋側を北から南へドライブをしました。途中、福島第一原発の近くを通りました。震災から十年以上たっていますが、規制線が張られ道路は封鎖されており街は荒れ放題でした。東日本大震災が起こった時、ぼくは小学五年生で京都にいました。中学高校と京都で過ごし、大学は東北ですが日本海側に住んでいたため実際の現場を目の当たりにしたことがありませんでした。正直、自分の中で震災の記憶はもともと強くもなく、そして薄れていっていましたが、実際の傷跡は生々しく残っているのでした。

目を覆いたくなるようなその景色を車の中から見て、なんとも複雑な心境になりました。そのような景色を実際に見て状況を知ることができたことは、震災の恐ろしさや忘れてはならないことを思い出す貴重な体験でした。言葉が悪いですが、目の当たりにして良かったと思います。

道の駅でお昼ご飯を食べ、温泉につかり、ソフトクリームを食べて帰途につきます。久々に二人に会い、いろいろなお話をしました。人生の大先輩であり多くの経験を積んできた方たちの言葉は、優しくて時に厳しく新たな視点を見せてくれるような気がします。

生まれた場所も時間も、生きてきた道のりも全く異なる人たちと出会い、多くの言葉を交わすことができるぼくは幸せだなと思います。そしてこんなぼくを温かく受け入れ、仲良くしてくださるMさんたちには感謝しかありません。

Mさん宅には結局二泊もさせていただきました。名残惜しいですがお別れの時間です。お二人には本当にお世話になりました。

「今こうして会っている人、その人とはあと何回会えるのだろうか?」

以前、友人がふとこぼした言葉です。本当にその通りだなと思います。学校で、家でいつも会っている家族や友人たちでも卒業したり独り暮らしをすることで簡単には会えなくなります。人生は八〇年しかありません（父は一〇〇年と言いますが……）。そう考えると、今、目の前にいる人を大切にしたいですね。

夕食のとき、そんなことをMさんたちと話していました。ご主人は「会っている時間も大切だけれど、会っていないときにその人のことを思い出すことも大切だと思う」と言われました。確かに人と会える時間は限られていて、本当に時間が少ないと感じます。一目惚れなどを除けば人のことを好きになるのは、会った後にあれこれ思い出していく過程にあるのかもしれません……大切なことに気づかされました。

今、目の前にいる人を大切にすることはもちろんとして、遠くに思いをはせる時間も大切にしたいと思います。

Mさんとの約束を果たせて多くのものをいただきました。ありがとうございました。

―― 親父からもの申す ――

いよいよ本州に帰ってきました。こうして振り返ると本当に多くの人と出会い、その度に息子は成長していると感じます。

今回は、大切な方との約束を果たすとともに震災の惨状を初めて目の当たりにしたようですね。

そこであるエピソードを思い出しました。

一〇年ほど前の二〇一一年九月、私は宮城県の被災地を訪れていました。震災のあった半年後の夏です。目的は勤めている大学のボランティア活動に学生十数名と一緒に参加するためです。本願寺仙台別院というお寺に一週間ほど泊まり込み、そこからバスで被災地に向かい様々なお手伝いをします。被災地に向かうバスの窓から見える光景は、海に近づくにつれて二階建ての家の一階部分のほとんどがすっぽり抜けていて、家の骨組みだけがやけに目に飛び込んできました。そうです、津波が一階部分を根こそぎもっていったのです。初めて見たときは現実のものかと自分の目を疑いました。

被災地での作業の多くは残された二階部分の家財をすべて外に持ち出し、それを家主さんに確認していただき、持って帰られるものと廃棄するものに分けるという作業でした。この時に知ったのですが、被災地には「がれき」なんてないのです。被災して汚れたり壊れたりしてしまった家財道具もすべてが想い出の詰まった宝物なのです。そのことを知り、その宝物を扱うという気持ちをもって一緒に行った学生たちも丁寧に対応していました。

ある日のこと、現場について作業の準備をしていると家主さんが現れました。作業を始める前に挨拶をいただきます。その挨拶は話しながら涙ぐまれる場面もあり、痛々しい姿に私たちも胸がつまりました。

挨拶を終え作業を始めます。先に言った通り一つ一つの家財などを丁寧に二階から外に出して並べ、その後家主さんの指示に従いながら指定場所に移動します。夕方近くまで作業を行い、家の二階はほぼ何もなくなりました。その状況確認を家主さんと一緒に行います。家主さんと学生数人と一緒に二階に上がり状況を確認するのです。その時、家主さんが何もない二階の部屋全体を静かにじっと見渡し、大きく深呼吸をして自分の顔を両手でパンッパンッ！っと二回強めに叩かれました。そして私たちの方に向き直り「ありがとうございました」と深々と頭を下げられました。

その日の作業がすべて終了し着替えをしていた時、家主さんが缶コーヒーを差し入れしてくださったので輪になっていただきました。汗だくになって動いた後の冷たいコーヒーは格別でした。その際に家主さんから震災の時の様々なお話をお伺いしました。学生たちも興味津々で、とても恐ろしく絶望的な内容に胸が何度もつまりました。ただ家主さんのご家族は全員無事で、それだけでもとてもありがたいとおっしゃっていたことだけは強く覚えています。そして最後に家主さんが学生たちに向かってこうおっしゃいました。

「私の顔、朝と違うでしょう（笑）。皆さんのおかげで吹っ切れた顔です。今まで整理しようと思っても自分では一歩が踏み出せず、なかなか取り組めませんでした。今回皆さんのお力添えですっきりできました。これからは過去を振り返らず前を見て進むことにします。ありがとうございました」

私は、はつらつとしっかりと話してくださる家主さんの顔を見ることができませんでした。涙が出てきて顔をあげることができませんでした。

そのようなことで、炎天下の中、数日間にわたるボランティア活動は無事に終了しました。最終日、帰り支度を終えたのち、学生たちと銭湯に行きました。宮城県に入って最初で最後のお風呂です。帰る前に汗をきれいに流してバスでぐっすり眠ることにします。

男子学生四人と行った銭湯はとても雰囲気がありました。そして私が湯船に浸かっていると一人の学生が近づいてきて話しかけました。今まであまり会話をしたことのない学生でした。

「すいません。原さんってキャリアセンターにいはるんですよね？」

「そうやけど、どうした？」

「僕、三年生なんです。就活がすごく不安で……で、こういうボランティアに参加したら就活に有利かな?と思って参加したんです。それともう一つ、被災地の人を元気にしてあげようとも思ってました。これはホンマです。でも……」そこで学生の言葉が切れました。

「でもって？　どうしたん？」そう私が聞くと

「すごく情けないというか、胸が痛いというか。こっち（宮城県）に来る前までは、確かに元気づけてあげようと思ってたんですけど、こっちに来て被災者の方々と話していると、逆に僕の方が元気づけられて……元気づけてあげようなんて上から考えてたことが恥ずかしくて……さらに就活に有利になるからとか不純な動機で参加した自分がすごく嫌になって……最低っすよね……」

そう言うと、学生は目をそらし、遠くを眺めました。あまりに予想外の話に私も戸惑いましたが、頭を整理し、私は学生に向き直り言いました。

「そんなことを考えてたか。キャリアセンターで仕事をしていてたくさんの学生と会ってきたから大体わかるけど､君は大丈夫や。絶対就職できるし､最低な人間ちゃうで。わしは嘘つかんよ（笑）」

そういうと嬉しそうに私の方を見ました。さらに私は続けます。

「まず動機がどうであれ誰かのために何かをしようと思ったこと、そしてすぐに行動に移したことはすごいで。そんで自分の気持ちに素直になれること。その気持ちを素直に人に打ち明けられること。これもなかなかできへんのちゃうか？　もっと自信もってええよ」

私としても素直な気持ちをそのまま伝えました。すると嬉しそうに笑いました。さらに私は続けます。

「そんで、もしうまいことといかんかったら俺のところ（キャリアセンター）にこい。就職できるまで全力でサポートしたるわ！（笑）」と、続けて言うと

「はい。ありがとうございます！」と素敵な笑顔を見せました。

そのあと少しばかり話をして、「のぼせそうですぅ～」と言いながら学生は湯船を上がっていきました。

その後、その学生と会ったことはありません。キャンパスが異なっていたため、なかなか会いに来られなかったのか、会いに来る必要がなかったのか、それとも会いたくなかったのか（笑）。どうなのかわかりませんが十数年たった今でも元気に活躍してくれていることを願っています。普通

に考えると三十歳をもう超えているのかな？（笑）

そして、今振り返ると、湯船で語ったその当時の学生と同じ年頃の息子が、十数年を経てこのエピソードを思い出させてくれました。何とも感慨深いというか不思議なご縁です。

悩み多き年頃……。息子には湯船で語りあった青年のように、これからも悩んで苦しんであがいてもがいて……そして自分の答えを自分自身で見つけてほしいと願うばかりです。

友達との槍ヶ岳【九月】

―息子からもの申す―

行き当たりばったりで寄り道ばかりしているぼくですが、予定が全くなかったわけではありません。九月下旬には友人と槍ヶ岳（３１８０メートル）に登る予定がありました。ということで今回は友人と二人で槍ヶ岳に登った珍道中です。

この友人（Sくん）とは大学のクラスが同じで普段から仲良くしていました。一緒に山に登ったりもします。いじられキャラでだれからも愛される面白い奴です。

ある日のこと「誕生日プレゼントは何がいい？」とぼくが聞くと、「槍ヶ岳に登りたい！」と言いました……。ということで、Sくんを槍ヶ岳に連れていかなければならなくなりました。

「連れていく」といっても彼は大学の登山系サークルの部長を務めていた経歴があり、素人ではないので勝手に行けばいいやん……と言いたいところですが一緒に登ります。なぜなら彼との登山は結構楽しいからです。本当によくしゃべる人なので時々面倒くさいですが、一緒にいて飽きることはありません。だから一緒に登ることにします。

九月も後半にさしかかるころ、ぼくたちは松本空港の駐車場で落ち合いました。お互いお金のない学生なので前泊は車中泊です。

翌朝、沢渡まで車で移動し、バスに乗り換えて上高地を目指します。

今回の山行は上高地から槍ヶ岳の往復をゆっくりと二泊三日で行う予定です。かなりゆったりとした予定だったので、大量のおつまみとビールを3リットルほど用意し持っていきました。さらに今回は（自称）体力のないSくんをぼくがガイドとして連れていくという名目でした。よって、ぼくが80リットルのザックにテントや食料やつまみやお酒を入れ、Sくんは35リットルのザックに着替えと寝袋だけを入れて登りました。自分たちの荷物の見た目のアンバランスさを顧みてひとしきり笑い合ったらやっと出発です。

一日目

上高地からババ平まで行き、そこでテント泊をする予定でした。コースタイムは五時間ほど。傾斜もゆるく歩きやすい道が続くため、快調に進んでいきました。

特に何事も起きないまま、昼過ぎにババ平に到着しました。持ってきたおにぎりやお菓子でお昼を済ませテントを立てれば、あとは何もすることがありません。コーヒーを飲んだり写真を撮ったり本を読んだりしゃべったりしながら過ごします。なんと穏やかで贅沢な山行なのだろう。気の合う仲間とのグータラ登山ほど楽しいものはありません。夕食には青椒肉絲を作りました。これがとってもおいしくてビールにもすごく合う。あっという間に食べてしまいました。

二日目

日の出とともに起床し、いよいよ槍ヶ岳にアタックです。天気は快晴。標高が高い場所は葉っぱも色付いています。はやる気持ちを抑え、Sくんにペースを合わせながら歩きます。

森林限界を超えてしばらく行くと、ついに槍ヶ岳がその姿を現しました。Sくんは一年前に遠くから望んだ槍ヶ岳が忘れられず、以来ずっと憧れを抱いていたといいます。槍ヶ岳を目の当たりにしたSくんは、目をキラキラ輝かせて言葉にならない言葉を口走っていました。

「一緒に来てよかった」そう思いました。彼の嬉しそうな顔を見ているとこっちまで嬉しくなります。来られてよかったね、と、強く思います。

槍ヶ岳が見えてからは一気にペースが上がり、槍ヶ岳の肩にある槍ヶ岳山荘まであっという間でした。荷物はここに置かせてもらって、ヘルメットのひもを締めていよいよ山頂を目指します。槍ヶ岳の山頂は、その山容からも想像できる通りとても狭く切り立っています。槍ヶ岳山荘から標高差１００メートルほどを、ほぼ直角に梯子を伝って登ります。高度感があり高所恐怖症の人は足がすくんでしまうことでしょう。Sくんもまた慣れない高度感と梯子に悪戦苦闘していました。「たけぇ……」「こえぇ……」など弱音を吐きつつゆっくり登ります。

ぼくが梯子の上からカメラを構えて「こっち見て！」と言っても「怖いから無理！」と上を向いてくれません。下を見て怖くなるのはわかるけど、怖くて上を向けな

ゆっくり、ゆっくりと……。

いってどういうことやねん（笑）。

色々大変でしたが無事山頂に到着しました。しかし、山頂もまた高度感があるのでSくんはしばらく立つことさえできませんでした。その様子を爆笑して見ていたら、後から来るおじさんたちも怖くて立てないようでS君の反応はあながち間違いではないのかなと思いました。

記念撮影をして景色を堪能したら、今度は来た道を帰らないといけません。槍ヶ岳は道が狭いため登りと下りで道が分かれています。分かれているといっても行きも帰りも高度感は同じです。

案の定S君は苦労して下ります。登りより下りの方が怖いのです。なぜなら下を見なくちゃいけないから。当然歩みも遅くなり後ろを歩く人に追いつかれてしまいました。

「すいません！　ぼく遅いので先行ってもらっていいですよ！」S君は道を譲ろうとします。

「いやぁ。ぼくも怖いから一緒にゆっくり下りましょう」と後ろのおじさんが優しく声をかけてくださいま

槍ヶ岳の頂にて。

した。さらに手を置く場所、足を置く場所等、指示を出してくださり安全に下りきることができました。ありがたいです。

槍ヶ岳山荘に戻ってきました。まだ昼過ぎです。この日は贅沢をしようということで山小屋に泊まる予定でした。なのでテントを張る必要もなく、夜までずーっと暇です。ということで、お酒を飲みます。つまみとともに飲みます。天気も良く、槍ヶ岳にも登れたので気分は最高。ビールも今日は格別にうまいです。うだうだしているうちに日も傾いてきて夕食の時間になりました。山小屋ってていいですね。あったかいご飯が出てきて、布団で寝られるなんてこんなに楽してもいいのでしょうか。

三日目

日の出前に起きだして夜明けを待ちました。かなり寒いですがここは我慢です。やがて常念岳の向こうから太陽が昇り、谷に日が差し込むと色づき始めた木々が燃えるように赤く染まります。なんという光景なのでしょう。S君にこんな景色を見てもらうことができて良かった。大空よ！　晴れてくれてどうもありがとう！　最高の誕生日プレゼントになったぜっ！

そして帰途につきます。下り道は疲れますが、とても速いです。それ、どんどん進め！　下界に下りたら温泉とラーメンとビールだ！

こうして無事下山し、温泉につかりラーメンとビールにありつきました。山は下山後の温泉とラーメンとビールまでがセットです。というか、温泉とラーメンとビールを楽しむために山に登っているといっても過言ではないかもしれません。

いやぁ楽しかった。S君どうもありがとう。また山に行けると良いね。

― 親父からもの申す ―

息子には素敵な友達がたくさんいます。親としてもとても幸せです。そして息子は機会があれば私に友達を紹介してくれます。嬉しいことです。

特に中学校からの友達はよく我が家に遊びに来てくれます。時には息子がいないのに遊びに来てくれることもあります。嬉しいことです。

今回のエピソードもそうですが、息子にとって友達はとても大切なものだと感じます。実家に帰ってきた時も地元の友達との付き合いが何よりも優先事項で、私との約束があっても友達との予定が入れば私との約束はなかったことになります。少々寂しいところもありますが、私たち夫婦もそんな友達思いの息子を嬉しく思います。

でもそんな友達の影響で良いこともありました。それは高校受験で志望校を決める時「友達」というキーワードが最優先となったことです。中学校でともに陸上をしていた友達と一緒の高校に行きたいとの思いで受験校を選びました。ただ、その高校は息子の学力では合格は難しいのではないかと言われるレベルでした。親としては無謀ではないか……との思いが頭をよぎりましたが、息子は譲りません。ただそれ以降、今までに見たことがないほど必死に頑張りました。振り返ると友達が息子のやる気スイッチを押してくれたのだと思います。そのスイッチはどこにあるのか、いつ、どのように押せばよいのか親はわかりませんのでとても助かりました（そもそも親が押すことは無理なのかもしれません）。その結果、（ここでもかなり胃が痛かったですが）何とか合格を勝ち取ってくれました。

そのような姿を目の当たりにし、友達の存在は息子の力を倍増してくれると感じ、息子の友達関係を大切にするように努めてきました。

そんな中、息子が高一の時、私の発案で友人とともに私の生まれ故郷で陸上合宿を行ったことがあります。私の故郷は兵庫県にある田舎のお寺です。友達二人とともに、田舎の山奥でトレイルランニングや約20キロメートルのＬＳＤ（Long Slow Distance：長くゆっくり走る練習）などを行い、さらにバーベキューや肝試しなどもしました。とても楽しそうにしてくれていました。

長男に限らず次男も我が家の近くで開催される野外音楽フェスに行く際に友達二人が泊まりに来たり（風呂（銭湯）とカレー付き（笑））、三男の友達も登山やスキーに連れていくなど、三人の息子の友達とは家族ぐるみで付き合っており「はらちゃんのおっちゃん」ということで仲良くしてもらっています。ただ妻の理解と協力がなければ実現は難しく、本当にありがたく感謝です。

それぞれの友達と話す中で、その会話の中から息子の素の姿や今まで知らなかった姿を知ることができます。それを知るととても驚いたり嬉しくなったりします。何より息子たちの友達は素敵な子ばかりなので安心感を得られました。

息子の友達と接する際は、先に述べたナナメの関係を意識し、良いだけのおっさんにならないように心がけています。また息子たちも持ちつ持たれつなのか、私（親父）の友達（癖ありすぎのおっさん）のことも大事にしてくれます。

今回の友達との山行も長男らしさが出ており、自分のことより友達のことを考えて行動できている姿に嬉しさを感じました。

山小屋アルバイトふたたび【十月】

―息子からもの申す―

夏の間遊び散らかしてお金が無くなったぼくは、十月から山小屋に戻ってお金を稼ぐことになりました。

春に働いていたところと同じ山小屋に帰ってきたので、仕事仲間たちと感動の再会です。

「はらちゃん、もう北海道から帰ってこないかと思ってた」

「あれ？　痩せた？」

「絶対戻ってこないと思ってた！」

など、みんなはぼくの帰還を受けて驚きを隠せない様子でした。今まで楽しい時間を共に過ごした人たちのもとに帰ってこないわけがないじゃないですか（笑）。

久々の山の上での生活はとてもいいものでした。やはり空気が澄んでいて景色がとてもきれいです。高山帯特有のにおいのようなものを感じて胸がすっと穏やかになります。

前述した通り山小屋のある場所は標高が2700メートル以上あるので、十月にもなると朝晩は氷点下になることが多くなってきました。めっちゃ寒いですが久々に冬の空気を感じて気持ちが上がります。

仕事については、掃除と接客と食事の準備は三か月前と同じです。しかし春は小屋開け作業だったのに対して、秋からは小屋閉め作業を進めていきます。

小屋閉め作業は小屋開け作業の逆をします。冬戸の取り付けと掃除をして布団や食器を片付け、厳しい冬に小屋が耐えられるようにしないといけません。春はぽかぽか陽気で外作業も楽しかったのですが、冬が近づくにつれて風は冷たく空はどんよりとして過酷になってきました。雪が積もって凍り付いてしまう前に終えてしまいたい作業がたくさんあり、男手は大忙しです。

このようにして冬に備えていたのですが、その少し前、十月中旬に嬉しいことが二つありました。

山小屋近辺の眺め（10月なのに雪化粧）。

一つは、稚内で胃腸炎明けの居酒屋で出会ったおじさんが遊びに来てくれたことです。この方は若いころに礼文島に心奪われ人生を狂わされたと言っており、ぼくを礼文島に行く気にさせてくれた人です。礼文島のとっても個性的な民宿で働いていたそうです。今は新潟県にお住まいなので、北海道から本州に戻ってきた時に新潟に寄ってお会いしていました。そこでした約束を覚えてくださっていて、今回山小屋まで会いに来てくれました。嬉しい！　いつもいろんな友達に会いに行くことが多いですが、こうして会いに来てもらえることもまた嬉しいことですね。

彼にはビールをごちそうする約束でしたが、泊まらずに帰るということでコーラを差し上げました。会いに来てくださってありがとうございます、ぼくもまた遊びに行きます。

嬉しいこと二つ目は、父と弟が会いに来てくれたことです。実は春にも山小屋に来てくれる予定でしたが、その時は悪天候で中止になっていました。

さて、父と弟が来てくれるのはとても嬉しいのですが二人とも登山初心者。無事山小屋までたどり着けるか心配でした。二人とも体力はありますが、父の好奇心旺盛で突き進んでいく性格が不安で道を間違えないだろうかとか崖から落ちないだろうか（登山道上に崖はない）とそわそわしていました。

実際は杞憂に終わり、二人とも元気よくたどり着いてくれました。ちょうどぼくの休憩時間も被ったのでしゃべりながら近くを散歩します。稜線上は強風が吹いており寒いので樹林帯を散歩しました。次男が受験モードになったことやら三男の学校が楽しいことやら、久々に家族のことを聞きます。ぼくも話したいことが山ほどあったので休憩時間はあっという間に過ぎてしまいました。せっかくなので見える山々の名前の解説や植物を教えたりしました。しかし、父も弟も泊まりがけの登山で高山帯に来ることに慣れていないので、小屋から見える景色を見て「ほえー」とか「すげぇ」とかしか言えないようで少し面白かったです。

夕食は一緒に食べることができないので、父にはビールと弟にはジュースをごちそうしました。山々は頭だけ雲に隠れて見えませんでしたが、風が強いものの雨こそ降らなかったこともあり、二人とも満足してくれたようです。そして名残惜しいですが下山のお時間です。家まで無事に帰るんだぞ!!

詳しくは次の項で父が熱く語るのを聞いてやってください（笑）。

騒がしい二人が下山していった日の午後、本格的に雪が降り始めました。雪が積もるとお客さんも激減し、人数が一桁になる日も少なくないです。いよいよ小屋閉め作業本番です。寒風吹きすさぶ中、冬戸を取り付け水タンクを片付け……凍り付いた地面をたたき割りながら作業を行います。

作業が進み片付いてくると山小屋の生活も終わりなのだと実感がわいてきて少し寂しい気持ちになります。住み込みで働いていたので小屋は家のようであり仲間は家族みたいに仲良くなっていました。山小屋の営業が終わると、みんな家を出て家族バラバラ……。山を下りてもみんなには会えるけれど、同じメンバーで同じ釜の飯を食らい毎日顔を合わせる日々はもうありません。そう思うと残り少ない山生活はいっぱい働いていっぱい笑おうと思うのでした。

十一月上旬、ついに営業終了の日がやってきました。これから二日間で一気に作業を終えて全員下山します。お客さんのいなくなった小屋はがらんとして寂しく、冬戸をつけたので真っ暗です。

そして下山日。天気は快晴。最高の山日和です。最後に「お疲れさま！」と言ってくれているのか、周りを囲む山々も姿を見せてくれています。最後の仕事は安全に下山することです。夜にはお疲れ様会が開かれる予定でとても楽しみです。

こうして山を下り、ぼくの休学生活のほぼ三分の二地点を回りました。

山小屋で働く目的はお金を稼ぐことでしたが、お金なんてどうでもいいくらい素敵な仲間たちを得ることができ濃密な時間を過ごすことができました。やがて冬が来て、それぞれの場所でそれぞれ生活をし、また春が来るでしょう。全く同じメンバーで同じように会

ともに働いたスタッフ（前列、最左がぼく）。

えることはもうないかもしれませんが、これからも仲良く楽しく付き合っていけたら嬉しいです。

将来ぼくは、どこに住んでどんな仕事をして誰と一緒にいるだろうか？　土地も職種も人も全く想像がつきませんが、環境がどうであれニコニコして過ごせたらいいなぁと思います。

初めてのアルプスチャレンジ【十月】

――親父からもの申す――

長男を初めて山に連れて行ったのは私ですが、実は私自身本格的な登山をしたことがありません。そのようなことで2000メートル以上の山は私にとって憧れでした。ただ登りたい気持ちはあっても素人が一人でチャレンジするには不安がありますし、何よりきっかけがありませんでした。

しかしながらこの度、長男に会いに行くというきっかけができ、ついに北アルプスに三男とともにチャレンジすることにしました。

長男に相談すると、お父さんたちだけではやめておけと言われ、「なぜ?」と聞くと、お父さんはいつも無茶をするので冷静な判断ができる人がいなければ駄目だとのことです。確かに過去にも三男と登山した時、注意を聞かずに無茶して骨折したことがあります。そのような男ですから、長男の発言には反論できません。

ただ私も諦めるわけにはいきません。そこでアルプス登山ベテランの先輩に協力をいただき一緒に行ってもらうことになりました。これなら長男も文句は言えません。しかしその山行は悪天候により中止になってしまったのです。

でも往生際の悪い私は諦めず長男を説き伏せて再度アタックすることにしました。結果、三男と二人ぼっちの挑戦をすることになりました。ドキドキ。

長男に相談したところ、しっかりと計画を立てること、決して無理をしないこと、密に連絡を入れることを条件に応援してくれることになりました。私の勢いに負けたのかもしれません(笑)。さらに家族の中には三男が一緒なら大丈夫との雰囲気がありました……。一体だれが保護者なの?(笑)

出発当日、長野県まで約五時間のドライブをして、登山口にある駐車場で車中泊をします。翌朝雨は降っていませんでした。よし!　いざ出発だぁ!

登山道は予想以上に整備されていましたが、さすがアルプスです。途中からは急な坂(階段)となり、結構な体力を使う道のりでした。でも時折雲の切れ目から見える北アルプスの光景は感動的なものでした。そんな中、長男から連絡が入りました。

「尾根はかなりの強風なので十分注意すること。かつ防寒着を着るなら尾根に出るまでに着るべし」とのことです。

言われた通りに対応し尾根に出た瞬間、今までほぼ感じなかった強風が体をたたきつけました。

「山って恐ろしい……」と痛感すると同時に長男のアドバイスをありがたく感じました。

歩き続けること約四時間、長男の働く山小屋が視界に入り、俄然ペースが上がります。尾根に上がってからは平坦な道のりで、眼下には安曇野市を見ながら「こんな景色の中で息子は働いているのか」と一人呟きながら歩きます。そして久しぶりの再会、それもアルプスでの再会に胸を躍らせました。

山小屋に到着し、元気よく扉を開けました。山小屋は想像以上に広く、かつ素敵な雰囲気を醸し出す建屋であり、出迎えてくれたのは長男でした。

「ようきたね」

笑いながら迎えてくれる姿はいつもの優しい長男でした。その顔を見て、とてもホッとしましたが、それ以上に長男の方がホッとしたかもしれません（笑）。

受付時に社長のご配慮により素敵な部屋を準備いただいたと長男から聞き、心躍りました。部屋に入るとその通りでとても広く、山の上とは思えない快適さでした。ただ山麓では涼しく感じた気温がここではとても寒く感じました。

その後、長男から連絡がありました。

「今から休憩やから近くを案内するけど、どうする？」とのことなので

「行く！」と即答すると

「風がきついから厚着でね」とのアドバイスがあったので、ありったけの服を着こんで外に出ていきました。

外はかなりの強風ですが、一方の長男は薄着も薄着です。返事はほぼわかっていたので「寒くないの？」と聞くことはやめました（笑）。

少し歩くと、普通に立っていられないほどの強風が吹き荒れ、自然の驚異を全身で感じましたが、これはこれでとても良い経験でした。時折雲が晴れて北アルプスの山々が顔を出し、その光景を見ると寒さではなくその雄大さと美しさに鳥肌が立ちました。

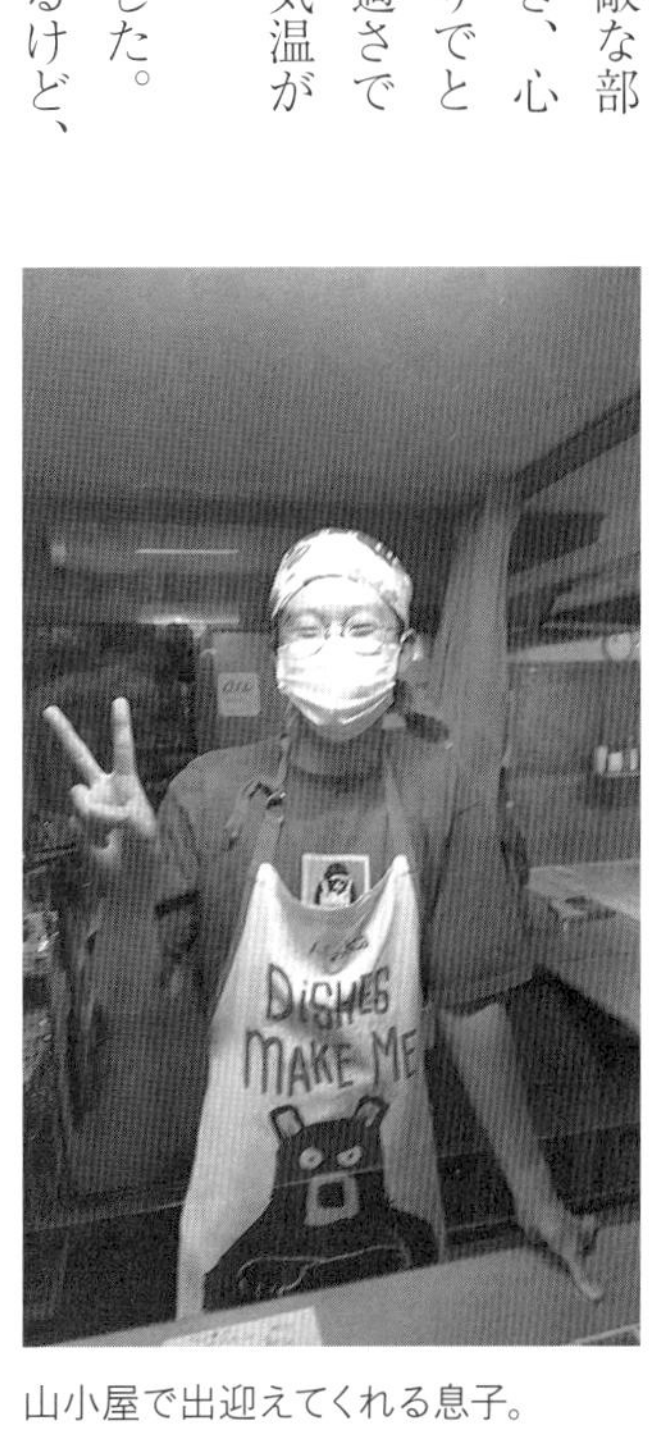

山小屋で出迎えてくれる息子。

あまりに風が強いので場所を変えることにし、息子二人の背中を必死に追いかけます。その背中は「大きくなったなぁ」としみじみ思うほどに立派になりました。

部屋に帰り、夕食時間となったので食堂に降りると、せっせと配膳を行い、さらに食事の前にお客さん全員の前で説明や注意事項を伝える長男の姿を目にしました。ちょっとは戦力になっているなってな感じです（笑）。ちなみに夕食は、魚の煮つけとハンバーグ、あったかいお味噌汁で、ご飯はお代わり自由です。どれもおいしく、かつ結構なボリュームがあり、山の上とは思えないごちそうです。三男はいまだにこの時のご飯がうますぎたと言います。

食器の返却の際にスタッフの方に挨拶をすると、皆さん素敵な笑顔で挨拶をいただき、さらに「とても助かっている」との温かい言葉をいただきました。長男はメンバーに優しく接していただいていることがわかり安心し、その雰囲気を感じてお腹だけでなく胸もいっぱいになりました。

夜七時ごろには布団に入り、時々強風の音で目覚めたものの快適な空間のお陰で朝までしっかりと睡眠をとれました。

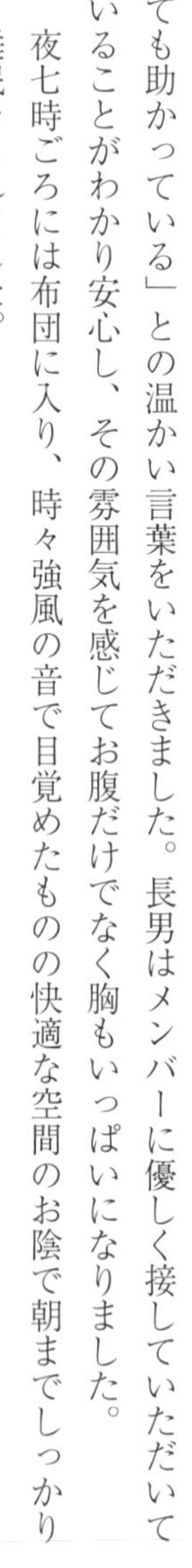

兄弟でアルプスを眺める。

翌朝五時に朝食をとり（朝食もとってもおいしかったです）、下山の準備をして皆さんに感謝の意を伝え、みんなが手を振ってくれる中、山小屋を後にしました。歩きながら、寂しさとともに何とも言えない嬉しい気持ちに包まれたのを今でもはっきりと覚えています。

山小屋の楽しいひと時は終わりいざ下山です。天候はあいにくの雨、そのうえとても寒い気候の中、来た道を三男と二人でゆっくりと確実に歩いていきます。ここで怪我をしたら元も子もありませんからね。

下山途中、三男と高校のことや友達のこと、芸術のことなどなど様々な話をしました。二人きりになると邪魔くさい親父でも会話に付き合ってくれます。というか三男にとっては一応バディですので無視するわけにはいかないのでしょう。どちらにしろこんな楽しい時間を過ごせるならこれからも体を鍛えて息子たちにくいついていきたいと思います（笑）。

約三時間かけて無事に下山し、お楽しみの温泉に向かいます。長男も言っていますが、この温泉のために登るといってよいほど下山後のお風呂は身に沁みます。

湯船につかりながら今回の旅を振り返り、つい先ほどのことなのにずっと前のことのように感じました。息子は朝四時に起きて朝食の準備をしたり、お風呂は四日に一回しか入れず、忙しい時は百人単位のお客様を相手にします。他の人なら決して良くない労働環境かもしれませんが、山や自然が好きな息子にとっては、このような日常もとても楽しいものなのかもしれません。自分のモノサシで考えてはいけませんね。そして普通ではない状況で日々成長している息子を目の当たりにし

「休学もよかったな」としみじみ感じるのです。

初めてのアルプスでの絶景や経験はとても良い想い出となり、忘れることはできません。これも長男はじめ、長男を支えてくださる多くの方々のお陰と感謝の気持ちでいっぱいです。本当にありがとうございます。

こんな時間はいくつあってもいいですね。また機会があれば再チャレンジしたいものです。

九州へ行こうとする【十一月】

―息子からもの申す―

北海道や高山帯といった寒い地域にずっといた夏。体が冷えてしまったので暖かい南へ行って温めたいと思います。それなのに山を下りて人間界の生活を謳歌していたら十一月の中盤になってしまいました。冬が来て本格的に寒くなってしまう前に南の暖かい地域に行かなければなりません。しかし、半年ぶりに帰ってきた実家はあまりにも居心地がよく、ぼくはなかなかソファから起きだせません。「明日準備しよう」と毎日言い続け、うだうだしているうちに一日一日と時間はどんどん過ぎていきます。

計画段階では、まず鹿児島を目指すことにしていました。というのも、父が仕事の休みを取れたので一緒に鹿児島にいる親戚に会いに行こうと考えていたのです。ぼくが少し前に出発して、あとから父が新幹線で追いかけて合流するつもりでした。しかし気が付くと父との合流予定日が明後日に迫っていました。これは今日中に出発しないといけない！

ぼくは慌てて荷物を車に積み込み、実家を出ることにしました。母と弟たちに別れを告げ、秋晴れの中、車を発進させました。

出発してから五分後。小用があって銀行に入った瞬間、スマホが鳴りました。最初は忘れ物をして弟が電話をくれたのかと思いましたが、画面を見ると遠くに住んでいるはずの友人の名前がありました。

あら、お久しぶりです。

どうやら彼は、今京都に来ているので会えないかという話でした。そんなことを言われたら、そりゃあもちろん会いましょう！　一緒にご飯食べましょう！　ということで鹿児島へ出発しようとしたことをすっかり忘れて、友人の待つ京都駅へ車を走らせました。

その友人は服を作る勉強をしており、その学校の研修旅行で京都に来ていたそうです。彼は毛糸と編み物に興味があって独自に熱心に勉強をしています。そしてこの日は日本一「羊」に詳しい人に会う約束をしていて、それまでの間暇だから連絡をよこしたということでした。なんやめっちゃおもろそうやん！　昼食としてうどんをすすりながら再会を喜び、たくさん話します。その後、銀閣寺などの観光をして時間をつぶし、約束の時間に友人を送り届けました。

ぼくがいても邪魔なので近くでぼんやり待っていると

「（羊に詳しい方が）はらちゃんにも会いたいって言ってるからおいで～」

と連絡がありました。嬉しい！　どんな方なんだろう？

ご自宅は細い道をくねくね入った先にある古い建物でした。古いけれど手入れが行き届いていてとても素敵な雰囲気のお家です。

日本一羊に詳しい方と聞いていたのでどんな人かと身構えていたら、元気でおしゃれな女性の方でした。研究熱心で好奇心が旺盛でエネルギッシュなその方にはたくさんの刺激をもらいました。友人との会話を聞いていると二人ともすごく生き生きと楽しそうに語り合うので、内容にはついていけませんでしたがとってもわくわくしたことを記憶しています。先に言ったようにその方は好奇心も旺盛なので、ぼくの話す言葉にもしっかり耳を傾けてくださり、素敵な大人だなぁとしみじみ感じました。

結局、夜の九時過ぎまでお邪魔して夕食までいただいてしまいました。鹿児島へ向けて出発できませんでしたが、こんな素敵な方とお会いできて京都に残ってよかったなと心から思いました。友人をホテルまで送り届け、満ち足りた気持ちでぼくは実家に帰りました。

「ただいまぁ」と元気に言ってドアを開けると弟たちが「なんでまだおるねん」とニヤニヤこっちを見てきます。ホンマになんでここにまだおるんやろう（笑）。

しかし結果的には出発しなくて正解でした。父は新幹線のチケットをまだ買っていませんでしたし、二人別々で行くよりは一緒に車で行った方が楽しいし安いですよね。高速代やガソリン代は父が払ってくれるというので、ぼくとしてもありがたい。結果的に本当に京都に残ってよかったぁ。

ということで、父と運転を交代しながら鹿児島を目指すことになりました。

―親父からもの申す―

息子は山小屋での仕事を終え、十一月に京都に帰ってきました。次なる旅の目的地は九州から四国を経て京都に帰ってくるというものでした。そこでここぞとばかりに息子に一緒に行きたいと直談判すると快諾がもらえたので一緒に行くことになりました。久々の親子二人旅です。わくわく。

一緒に行くことにはなりましたが、息子が言っている通り、バラバラに出発して、鹿児島中央駅で合流して行動する計画にしていました。

その段取りで進めていましたが、私の出発前々日の夜、出発したはずの息子からSNSメッセージがありました。


「ついに京都を出発することができませんでした（笑）」


そのメッセージを見て私は混乱しました。なんでやねん？　今朝出発したはずやろ？　どないすんねん？　合流は明後日の朝やろ？　こっちは仕事休んで行くから今から変更できへんっちゅうねん！　……等々、様々な言葉が宙を舞います。

心を落ち着かせて話を聞くと息子が言っているようなことでした。友達思いなのか、興味本位で動くただの馬鹿なのか……計画性が全くない（特にこの一年）ことは承知していましたのでとりあえず現実を受け入れました。

どうすんねん？と聞くと、今からすぐに高速道路を使って鹿児島に向かって予定通り明後日の午前中に合流できるようにすると電話先でボソボソ言ってます。その前に高速使わずに一般道で行く気やったんやねと驚きます（笑）。ただ、９００キロメートル近くあり高速道路でも十時間以上のドライブですし、高速料金も馬鹿になりません。さらに気持ちが焦ると事故のリスクも増大します。その状況をふまえ京都から二人一緒に行くことにしました。

結果、その後バタバタとスケジュールを組みなおしました。ただせっかくの休みを有効に使おうと計画していたのに、私の出発予定の日に移動するとなるとまる一日が移動でつぶれてしまいます。それどころかきつい移動になります。なんか嫌だ……。と子供のように駄々をこね、少しでも一緒に鹿児島を満喫したいと思った私は出発日を前倒しすることにしました。仕事を終えて夕方に京都を出発して広島で泊まり、次の日の早朝から鹿児島に向けて移動するプランです。これで半日ほど稼げますし、さらにずっと行きたかった別府温泉に寄り道もできます。けっこう楽しそうやん。

そんなことで話はまとまり、涙の別れ？のあとに気まずそうに実家に返ってくる長男を見て、いじりまくる次男と三男、計画変更をネチネチ言う親父、その光景を見て爆笑する母親、何ともバツの悪そうな顔で話す長男。そんな家族の時間はそれはそれでとても楽しく幸せな時間でした。

さて久しぶりの息子との二人旅が始まります。どんな珍道中になるやら今から楽しいより不安です（笑）。

鹿児島親子旅【十一月】

― 息子からもの申す ―

実家のソファに散々邪魔されましたが父に家から引っ張り出してもらう形で、父と二人で鹿児島へ向けて出発しました。

鹿児島への道のりは遠く、運転も大変なものになりますが交代で運転し（行程の七割が父）、話し相手もいた（しかし、ぼくは結構寝てた）のでそこまで疲れませんでした。お父さんありがとう！

父と一緒に鹿児島で遊べる時間は移動日を含めて三日間しかありませんでした。よって計画は入念に練って、一日目は寄り道しながら移動、二日目は霧島連山に登り、三日目は指宿・知覧周辺をうろうろすることに落ち着きました。

鹿児島でのぼくたちの拠点は親戚のお家でした。かつて家族で九州へ行った時や父と屋久島に行った時にもお世話になった父の叔母さんで、にこやかで元気のいいおばちゃん（Iおばちゃん）と独特の雰囲気をまとった芸術家のおじちゃん（Kおじちゃん）の素敵なご夫婦です。Iおばちゃんは明るく楽しいボケをまき散らすし、Kおじちゃんは独特な雰囲気から時々難解で理解に苦しむボケをうってきます。そのようなことでお二人ともスキがあればボケを突っ込んでくるので、一緒に食卓を囲んでいる時は関西人としては油断ができません（笑）。

また、二世帯住宅になっていて、隣接する家にはおばちゃんたちの息子（Gにいちゃん：父の従弟）ご家族も住んでいて、元気でわんぱくな子供たちが三人います。それはそれはややこしいですが賑やかで笑顔がたくさんある楽しいお家です。

ぼくたちは霧島登山の前日に到着し、夕食をいただき翌日の登山に備えるつもりでした。ところが、Gにいちゃんが差し入れしてくれた焼酎がおいしすぎて父とぼくは少々飲みすぎてしまいました。恐るべし薩摩の焼酎！

―親父からもの申す―

鹿児島二人旅の出発の日です。

仕事を終えて帰宅し、小さな軽自動車で広島市に向かい、とりあえずオールナイトサウナで疲れを癒します。その翌日、本格的に鹿児島に向けて出発しました。途中、別府温泉に寄り道します。ここでは竹瓦温泉という温泉に入りました。古風な作りで脱衣所から素っ裸で湯船まで階段を下りていきます。昔は温泉をくみ上げるポンプなどがなかったためこのように低い位置に浴槽を設けたそうです。それほど歴史ある温泉でした。ちなみに息子は外湯に入るときは、手ぬぐい一枚ですべてをまかないます（タオルではありません）。江戸時代の人間かっ！と言いたくなるようなやつです。

寄り道を終え、再び鹿児島に向けて出発しました。ハンドルは私が握ります。出発して間もなくすると息子は気持ちよさそうに眠りにつきました。代わってもらおうと思ってたのに……との気持ちがありありだったのですが、気持ちよさそうに寝る姿を見てその気持ちを封印しました。ただ、自分の車ではないため、オーディオの操作がわからず、あまり聞きたくもない同じアーティストの曲を延々聞かされたのは苦痛でした（笑）。

走り続けること四時間。海の向こうに雄大な桜島が見えました。「おぉっ！」と感嘆の声をあげ心が躍り

雄大なる桜島。

ました。それこそ今まで鹿児島を訪れた時は、私の雨男パワーが炸裂し一度も桜島の全貌を見ることができませんでしたので、その雄大さを目にした時は声が漏れ出てきました。

その後しばらくして叔母の家に無事到着し久しぶりの再会を喜びます。コロナ禍で大変な中、親族といえども京都から来る変な男二人を快く泊めてくださり本当に嬉しい限りです。

挨拶もほどほどにおいしいお酒（芋焼酎）と叔母の酒によく合う格別な料理でお腹いっぱいになりました。お酒と肴がおいしいのはもちろんですが、無事にたどり着けた安堵感からか少々酔っぱらってしまいました。

さてさてこれから鹿児島の最高の想い出を作りたいと思います。

韓国岳【十一月】

―息子からもの申す―

翌朝、いっぱい飲んだのにすっきりと目が覚めました。おいしい朝食を食べ、おにぎりを持たせてもらったら出発です。

実は霧島連山には十年前も登ろうとしていました。家族旅行でハイキングとして計画されていましたが、火山ガスの影響で登れませんでした。今回はしっかり調べて、火山の影響の少ない韓国岳(1700メートル)に登ります。麓では紅葉がとてもきれいでしたが、さすがに山の上は葉が落ちてしまっていました。しかし天気は秋晴れ、最高の登山日和です。順調に歩を進めて頂上でおにぎりをほおばり、無事下山してきました。

さて皆さん、ここは鹿児島で霧島です。そう、温泉がたくさんあるのです。寒風にさらされて冷えた体を温泉で温めようじゃありませんか！　前日にIおばちゃんに聞いておいておすすめの温泉へ行き汗を流し疲れを癒します。幸せだ……。

ちゃぷちゃぷお湯を楽しんでいるとあることに気が付きました。なんとぼくはこの温泉に来たことがあるようなのです。露天風呂からの景色や湯船の形に見覚えがありました。記憶や写真をたどると、十年前霧島連山に登れなかったあの日にもこの温泉を訪れ、心と身体をほぐしていたようです。霧島連山にやっと登ることができて満たされた気持ちで入る温泉は格別でした。

満たされたぼくたちはそのままーおばちゃんのお家に帰ることにします。家まで来ると表で子供たちが遊んでいました。ぼくも混ぜてもらいます。一緒に遊ぼう！　父は二軒目の温泉へと出かけていきました。

子供たちとはドッチボールをしたり、かけっこをしたり、スケボーみたいなやつの乗り方を教えてもらったりいっぱい身体を動かします。みんな元気で運動神経が抜群にいいのでぼくは驚いてばかりいました。暗くなってからは家の中に移動してブロックを使っておままごとです。保育園の先生のお話を聞いたり、プロレスごっこをしたりしつつ延々と遊び続けます。子供たちの遊びに対する想像力の豊かさにはいつも目を見張るものがあります。次々と新しい設定を思いついたり、変な

韓国岳の頂にて。

動きをしてみたりといつみても発見があり楽しいです。

もっと遊びたかったのですが、ご飯の用意ができたので一時中断です。

Gにいちゃんの家からKおじちゃんの家に戻り夕食をいただきます。とりあえず大人組と子供組に分かれていただきます。一緒だったら楽しすぎて食べられないものね（笑）。

大人組の料理は野菜をふんだんに使ったバランスの良い献立で、優しい味付けなので心にもおなかにも舌にも嬉しい食事でした。そして今日のお酒はKおじちゃんが以前おられた島で作った焼酎でした。これもおいしく、また飲みすぎてしまいそうです。

食事を終え、談笑していたらGにいちゃんが来て飲み会に加わります。遅れて子供たちもやってきました。子供たちはぼくのカメラに興味津々で、みんな体に似合わず大きいカメラを必死に持って撮ろうとする姿がとてもかわいく可笑しかったです。撮り方を教えてあげるとその場にいる全員にカメラを向け、いい写真をたくさん撮ってくれました。

本当に楽しい夜でした。子供はしれっと膝の上に座ってきてくれたり、保育園の先生について子供ながらに話してくれたり各々楽しく過ごしております。三人と仲良くなれて嬉しいです。

しかし子供たちは次の日、保育園や学校があるのでGにいちゃんやお母さんに促され寝るために泣く泣く帰っていきました。また一緒に遊ぼう！　しばらくは隣の家から足音が駆け回っていましたがいつの間にやら静かになっていました。

こちらは、まだまだ熱い夜が続きます（笑）。

― 親父からもの申す ―

滞在二日目は霧島連山の最高峰（韓国岳）に登ります。叔母が作ってくれた大きな爆弾おにぎりを頂上で頬張るということを二人のミッションにしました。息子がリサーチしてくれたルートで頂上を目指すことにします。

今回だけではありませんが、最近は息子の後をせっせとついていきます。振り返ればいつも私が先頭に立ってその後を息子がついてきていたのに、それが今では逆転です。

しばらく行くと直径６００メートルほどあるという大きな美しい火口湖につきました。息子はその光景を心にもしっかりと印象付けるようにジッと水面を眺めていました。頂上に近づくにつれ草木はなくなり溶岩石が目に付くようになり、さらに風が強くなり肌寒く感じます。

無事頂上にたどり着き、大浪池

韓国岳山頂から大浪池を望む。

を見下ろします。それは壮大で遠く新燃岳の水蒸気も見下ろし大地の躍動を実感できました。一方の韓国岳の火口跡の大きさは目を見張るものがあり、雄大で飲み込まれそうな感覚になります。

一息ついて、二人並んで爆弾おにぎりを頬張りました。私のこぶしよりも大きなおにぎりは寒さを忘れさせてくれるほどおいしく、温かい気持ちにしてくれます。

温泉でのひと時を終え帰路の途中で昼食場所を探します。しかしなかなか見つかりません。そんな時、道沿いにポツンと立っている小さな精肉店を見つけ、二人とも興味津々で立ち寄りました。店には様々な鶏肉と隅っこにおいしそうな唐揚げが陳列されていました。お腹ペコペコの二人は即行で少しだけ残っている唐揚げを全部購入し、手づかみでがっつきます！　いやぁうまい！　車の中で二人でキャッキャ言いながら頬張りました。お金を出して食べるごちそうも良いですが、その時その場所で偶然出会う食材を頬張るおいしさは旅の醍醐味です！

叔母の家に無事帰りつき、息子と別行動で私は近くの

韓国岳頂上にて爆弾おにぎりをがっつく。

浴場に行きました。そのお風呂は大衆風呂で安く入浴できます。さらにお湯は上質でいうことなし。近くにこんな浴場がたくさんある鹿児島って本当に素敵ですね。夜は夜で前日に負けないくらいのおもてなしをいただき従弟を交えて楽しい時間はあっという間に過ぎていきました。本当に楽しくておいしくて最高の時間でした。

知覧特攻平和会館【十一月】

―息子からもの申す―

いよいよ最終日となりました。子供たちは保育園や学校に行きます。そしてそこでお別れです。保育園や学校へ行く前に三人そろってさよならを言いに来てくれました。昨日がよっぽど楽しかったのか、真ん中のおにいちゃんは涙を流しながら「ヒデ兄ちゃん、また来てね」と声にならない声で言ってくれました。

「絶対来るとも!!」そう再会を約束し見送ります。

その後、まだ会いに行けていないですが、九州を訪れた時や近くを通りがかった時には必ず顔を出そうと決めました。

おいしい朝ご飯を食べたら、KおじちゃんとIおばちゃんともお別れです。大変お世話になりました。楽しい時間とおいしいご飯をどうもありがとうございました。

そうそう、父もこの日京都へ帰る予定でした。父が帰る前に知覧特攻平和会館へ行きます。

知覧特攻平和会館は、日本にあった特攻隊の記録を遺してある場所です。ただ単に記録を遺しているのではなく、実際に特攻に参加した方々の手紙や道具、特攻で大切な人（息子）を失った方々の手紙など、当時の人々の気持ちも保管されています。目を、耳を、心を覆いたくなるような事実を目の当たりにし、とても苦しくとても悲しかったです。

あまりにも残酷で悲しい歴史。直視すると心が壊れてしまいそうですが、記録を知るのではなく、遺された様々なものから一人一人の人間としての「特攻」という行為を感じることができました。ここで感じたことは忘れることはできないでしょう。これからも、知覧特攻平和会館で抱いた気持ちを大切に持っていようと思います。

知覧でたくさん勉強したぼくたちは、言葉少なに鹿児島中央駅を目指します。父はこれから新幹線で京都に帰ります。

移動日を含めて三日間でしたが濃密な時間を過ごせました。たくさん笑ったし、たくさん考えたし、たくさん癒された旅でした。

父と別れたぼくはしばらく九州をうろうろしてゆっくり京都に帰ろうと思います。

ありがとう、鹿児島！

― 親父からもの申す ―

鹿児島滞在最終日です。おいしい朝ご飯をいただき叔母と叔父に感謝の意を伝え、いよいよ最終日の目的地に出発しました。最初は開聞岳（９２４メートル）登山を考えていましたが、悪天候のため指宿・知覧界隈をめぐることにしました。

目的は指宿の砂風呂と知覧の特攻平和会館です。ずっと行ってみたいと思っていたもののなかなか実現せず、今回いよいよ夢が叶います。

砂風呂に向かう途中、前方に開聞岳が見えました。薩摩富士と言われるだけあってその姿は雄大でした。砂風呂では入浴場所に行く際、危険を示す注意看板が立てられていました。意味が理解できないままスタッフに促され砂風呂に入ります（砂をかけてもらいます）。数分するとじわっと温かくなり、体の芯がポカポカというより、熱く感じるくらいになりました。息子と「すごいな」といいながら笑い合いました。低温やけどをするということで十五分程度で上がったものの体はスッキリと何とも気持ちよい状態になりました。本当にすごかったです。そしてこの経験をふまえて先の注意看板の意図が胸にストンと落ちました。これは危ないですわ。恐るべし火山パワー。

さて知覧に向かいます。知人からも一度行ってみるべきところだよと聞いていたので楽しみにしていたものの、その内容は息子の言うとおり終始胸が引き裂かれるような苦しいものでした。若い命が空に散ってゆくその現実を目の当たりにし、特攻に出向いた青年たちが三人の息子の姿と被って、私は途中から観覧することができませんでした。苦しくて苦しくて、悲しくて悲しくて、なぜこんな形で若い命が失われていくのか……。改めて人を狂わせる戦争の恐ろしさやむごさを考えさせられました。

砂浜に立つ衝撃の立て看板。

その後、息子が鹿児島中央駅まで送ってくれました。知覧特攻平和会館の話になるとすぐに私が言葉に詰まるので、車の中ではあまり話すことはできませんでした。

今、三人の息子はじめ多くの若者

が平和に暮らしているこの時代を尊く思います。いつまでもこの平和な時代が続くことを心の底から願いました。

息子はしばらく九州地方に滞在し、ゆっくり北上しながら帰ってくるそうです。宿泊はもちろん野宿です。ま、クマがいないので安心ですが。

ふと車中泊や野宿をすることに対しての不安感がなくなっていることに気づきました。知らぬうちに息子の行為に対して「大丈夫だ」との気持ちが大きくなっているように感じ、息子を信じられるようになった自分がいます。言葉を変えると、息子と一緒に私たち親も成長しているのかもしれません。

この鹿児島の旅は、一生忘れられないものとなりました。鹿児島の叔父叔母はじめ温かく迎えてくださった方に心より御礼申し上げます。

本当にありがとうございました。

再会の旅【十一月】

― 息子からもの申す ―

父が京都へ帰ってしまったので、ここからは一人で旅を続けます。時間をかけて九州から四国へ旅をしたいところですが、ぼくにはあまり時間がありませんでした。というのも、コロナウイルスのワクチン接種が十二月上旬に予定されていたからです。さらにコロナワクチンとは関係ないですが、この時カメラの充電器を京都に忘れてしまい充電が二週間以上も持つか不安でもあったのでおとなしく帰ることにします。

ということで二週間足らずで、九州と四国を見てまわることになりました。時間が少ないので目的を絞ってまわらないといけません。そこでぼくが定めた目的は「休学前半で出会った人たちに会いに行く」ことでした。実は、北海道で出会った人たちや、山小屋でお世話になった人たちの中には九州や四国に住まう人も多くいました。観光はおっさんになってからでもできるので、今は会える人たちに会うことにします。

会いたい人は五人。うち二人はご夫婦なので四か所を二週間で巡ります。

これまでは一人で行動することが多かったですが、一人でいることを寂しく感じ、多くの人と話したりしました。自分のやりたいことや行きたい場所はないことはないですが、行動を起こすための大きなきっかけは「人」がかかわっていることが多い気がします。思えば、ぼくの旅の原動力は人に会いに行くことなのかもしれません。

目的が決まればさっそく連絡をして移動開始です。

まず向かったのは宮崎県でした。山小屋でお世話になったご夫婦（Mっさんご夫婦）に会いに行きます。Mっさんご夫婦は普段は別の場所にお住まいですが、奥さんのご実家が宮崎県にあり、ちょうど帰省されていたので会いに行くことになりました。

お家にお邪魔するとMっさんご夫婦と奥さんのご両親、さらに奥さんのご姉妹の家族もいらっしゃって、ものすごく家族団らんな空間に一人よくわからん奴がいるという形になり、最初は戸惑いました。しかし、皆さん本当に素敵な方々で、笑顔の絶えない温かな雰囲気だったので、すぐに打ち解けられました。特に奥さんのお父さんはかつて自転車で日本一周したらしく、旅をしてきた人が持つ雰囲気をまとっていました。

宮崎県では鶏のたたきという料理があり、この日の夕食にご用意いただきました。鶏の刺身みたいなその料理はとてもおいしかったです。

結局三泊もお世話になってしまいました。海釣りに連れていってもらったり近くの公園をお散歩したりして楽しい時間はあっという間に過ぎ去りました。楽しかったしお会いする人みんなが温かったです。

ご家族みんなに見送られて出発したぼくは博多を目指しました。

ここでも人に会う約束をしていたのです。夏に稚内で胃腸炎になった後に立ち寄った居酒屋でおもろい人たちに出会ったことはすでに書きました。博多にはその中の一人、電車で日本を縦断した兄ちゃんがいたのです。宮崎県をあとにしたぼくは彼に連絡を取り博多に向かいました。

博多駅で待ち合わせ、久々の再会を喜んだ後にはもつ鍋を食べました（これがすごくうまい）。お互い夏に別れた後どんなことをしていたのか、これからどうするのかたくさん話しました。ぼくの旅もたくさんの出会いに満ち満ちた楽しいものでしたが、彼の旅もまた多くの出会いがある素晴らしいものでした。とても楽しそうに話す様子を見て、こっちまでワクワクしたり大笑いしたりしました。一人寂しく旅を続けていましたが、こうして仲間に出会いお互いの見たことしたこと聞いたことを話し合う楽しさに気が付きました。

自分の経験を人に伝えることの楽しさと難しさ。完全には伝えられないけれどなんとかして伝えたい。そう思った先人たちが様々な言葉を発明し、詩にし、絵にしたのでしょうか。そんなことを考えてしまいました。

ぼくの旅はまだ続きます。博多でもつ鍋を食べた後、九州を脱出し四国へ向かいました。

四国にも北海道で出会った方々がいました。一人は博多の兄ちゃんと同じ稚内の居酒屋にいたバイカーのおばちゃんです。そしてもう一人は北見で一緒に野宿したおじいちゃん三人組の一人でした。

二人とも香川県にお住まいだったので、お会いした時にはたくさんのうどん屋に連れて行っていただきました（これまたうまかった）。

バイカーのおばちゃん（Nさん）は苦しい経験を乗り越えて今を生きている方でした。とってもパワフルでポジティブなのでお話をしているうちにこちらまで元気になって前向きになれます。うどん屋さんや様々な場所に連れて行っていただき、たくさんお話しできました。

一緒に野宿をしたおじいちゃん（Oさん）は釣り人で遊び人です。またナイフ作り名人でもあり、とてもかっこいいナイフを制作されています。北見で出会った時にはOさんたちが山でとってきたキノコと車から出てきたうどんをコンロでせっせとゆでて四人で食べながら語り合いました。

香川に会いに行った時は日当たりの良い縁側に腰かけて少しお話をし、またぼくのためにナイフを作ってくださるということで細かい注文もさせていただきました。Oさんは若い時から今まで好きなことしかしてこなかったそうです。本当に人生を楽しんでいるそうで「俺は好きなことしかしてこんかったけど一瞬やったわ」と、まっすぐなまなざしで語る姿はとてもかっこよかったです。自分もそんな風に胸を張れるような人生を送りたいと思いました。

九州と四国の旅は長い時間をかけて多くの場所をめぐることはできませんでした。しかし、旅で出会った人たちと再会し、より深い話ができたことが何より嬉しいし良かったと思います。

年齢も生活も何もかも違う人たちに短期間で出会ってぼくの心はたくさんの刺激を受けました。会って話している瞬間は楽しいなぁとしか思っていませんでしたが、時間が経つごとにぼくの心の中で素敵な人たちに出会えたという事実が大きくなっている気がします。

再び北海道、そして旅の終わり

【十二月〜三月】

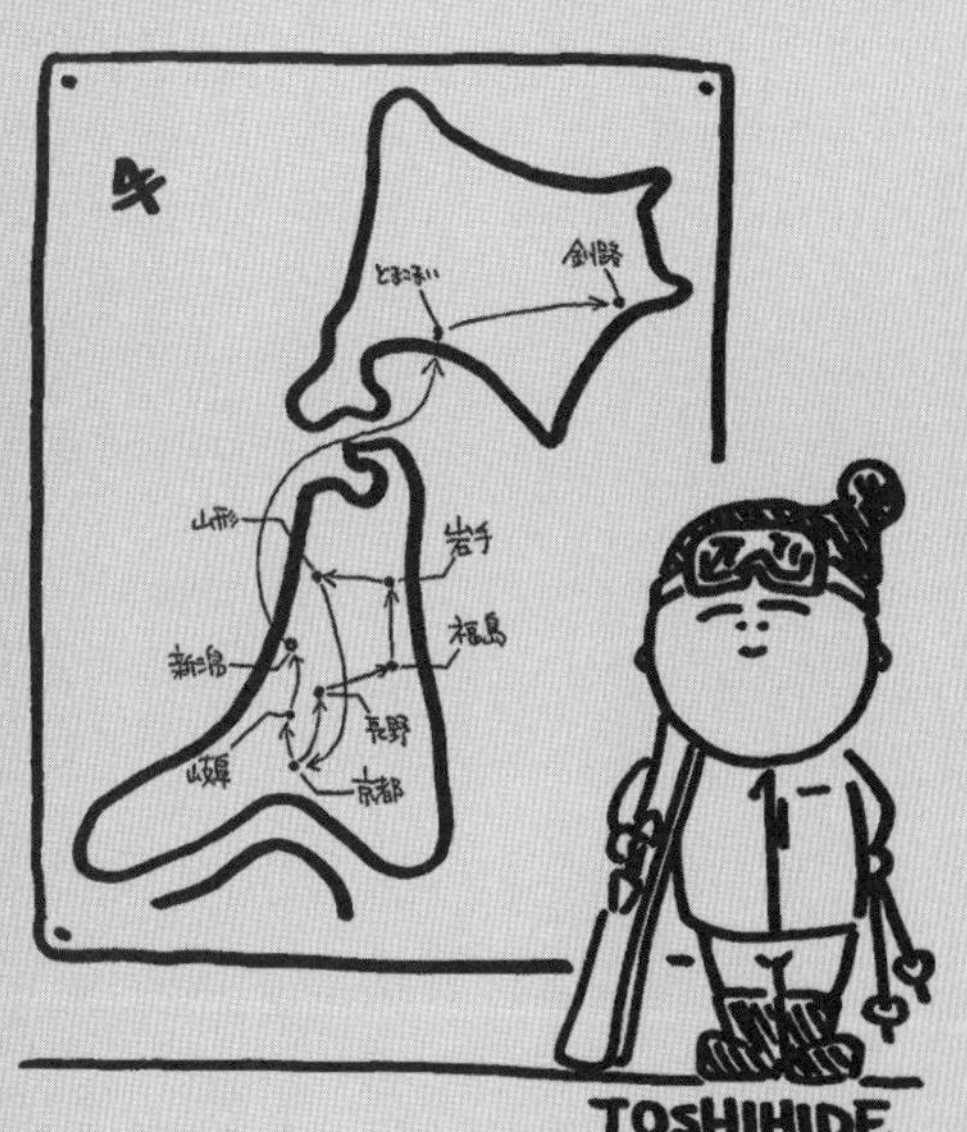

スキー修業【十二月】

―― 息子からもの申す ――

十二月になり冬がやってきました。

京都へ帰り、コロナワクチンの副反応による体調不良から回復したぼくは、また遠くに出かけることにします。

今度は東北を目指します。その理由はそろそろ雪が積もってスキー場がオープンし始めるころだからです。冬の楽しみのほとんどがスキーであるぼくは、まだ行ったことのないスキー場を求めて動き始めました。

まず訪れた場所は福島県の猫魔スキー場でしたが、その前に長野県に立ち寄り山小屋の社長に会いました。会いに行ったというより、厚かましく泊めていただきました。ありがとうございます。ぼくは行く道沿いに知り合いがいれば会わずに通り過ぎることができない性分であります。

さて、猫魔スキー場。ここはパウダースノーが楽しめるスキー場として有名ですが、ぼくが行った時は雨でした。残念なコンディションでしたが、雪の上を滑ることができて大満足です。でも、一人で滑っていたのであまり楽しいとは言えませんでした。次は友達と訪れたいものです。

猫魔スキー場をあとにしたぼくは、山形県を南から北へ縦断して岩手県を目指します。山形県では、かつてアルバイトとして働いていたコーヒー屋さんへ行ってマスターのおいしいコーヒーを飲み、行きつけの素敵なラーメン屋さんで舌鼓を打ちつつ移動します。コーヒー屋のマスターとラーメン屋の大将とその奥さんは本当に素敵な方でいつも温かい笑顔で迎え入れてくれます。この時も一人旅で疲れた心が温かいコーヒーとラーメンと笑顔で癒されていくのを感じました。いつもありがとうございます。

元気になったところで次は岩手県の夏油温泉スキー場へ向かいます。

ここもパウダースノーが楽しめるスキー場ですが、さらに急斜面とツリーラン（森の木々を避けながら自然で複雑な地形を楽しむ滑りかた）、そして広大なゲレンデを縦横無尽に滑ることができます。まだツリーランは開いていませんでしたが、未圧雪の急斜面を滑り込みとても楽しく

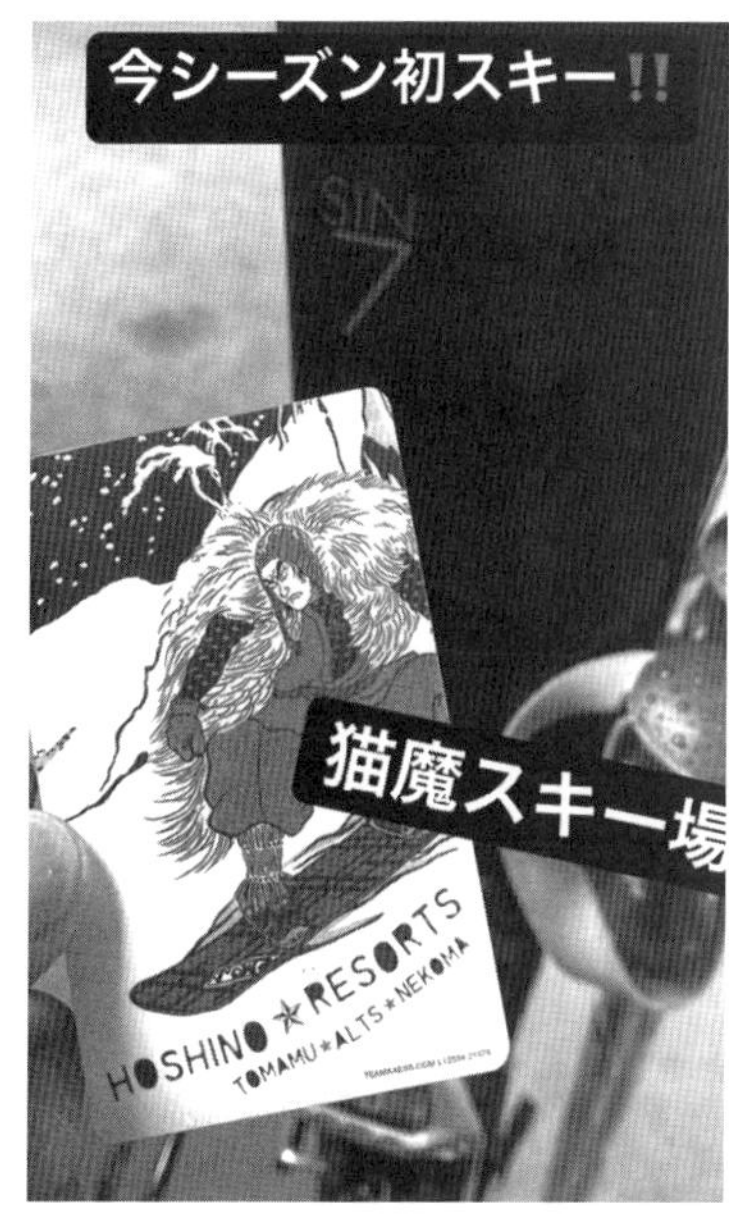

インスタグラムより。

心身共に大満足でした。しかしここでも一人で滑っていたので、楽しみきったとは言えませんでした。ふたつの素晴らしいスキー場を訪れましたが、一人で滑っていてもイマイチ楽しめません。やはりぼくは一人では何もできないようです。

いっぱいスキーをするぞ!!と張り切って家を飛び出しましたが、岩手まで来てその気持ちが失速してしまいました。ここはひとまず友達に会おう。ということで岩手県にいる友達に声をかけました。秋に山小屋で一緒に働いていた青年（Tくん）です。スキーはひとまず忘れて一緒に遊びます。聞けばTくんと会う約束をした日には、山小屋の社長も岩手へ来るそうで三人で観光することになりました。わーい（Tくんのお家に泊めてもらうことになり、さらにありがとうございます）。

翌日の昼過ぎに社長と落ち合ってラーメンを食らい、コーヒーを飲み、南部鉄器の工場見学に行きました。楽しい。こうして仲の良い人たちと会って話をすることは本当に楽しいですね。特に重要な話をするわけでもなく、他愛もない話題でもお互いにこにこしている時間が好きです。この時もそんな風にして温かい時間が過ぎてゆきました。

岩手県では楽しい時間を過ごせました。再び元気になったぼくは、山形県に向かいます。大学の友達と一緒にスキーをするためです。一人ではもうスキーはしたくありませんでした。山形へ行けばスキー仲間がたくさんいる！　そう思いながら車を走らせました。山形へつくと仲間たちはちょうど卒論の執筆に追われている時期でした。そんな中ちゃらんぽらんな旅人が「あーそーぼ！」とやってきたのでさぞかし迷惑であったことと思いますが、嫌な顔をせず一日だけ付き合ってもらえることになりました。ありがとう!!

　せっかくなので蔵王温泉スキー場で滑ることにします。卒論執筆中の友達は運動不足気味だそうで、ひいひい言いながら滑っていました。その様子を笑いながら眺めて滑り、リフトではおしゃべりをしてまた滑る。やはり人と一緒に来るスキー場はとても楽しい。一人で滑るときは自分のペースで滑ることができますが、ぼくは友達と一緒に滑るほうが圧倒的に楽しいと思います。一日中滑りまくり、正真正銘大満足です。楽しかったぁ。

　その後、クリスマス会なる宴会も開催され久しぶりに大勢の友達と一緒にご飯を食べました。あぁ、幸せ……。

　こうしてさほどスキーはしないまま東北スキー旅行は幕を下ろしました。夏の北海道でもそうでしたが、ぼくはやはり一人で遊ぶことができないようです。そして、そんなぼくと一緒に遊んでくれる友達がいてくれることに感謝です。

　さて、お正月がやってきます。ちょっと実家でゆっくりしようと思うので、この後は京都を目指します。

―親父からもの申す―

冬が来ました。息子たちはスキーができるのでワクワクしているはずです。私は、「マリンスポーツとウィンタースポーツができる男はモテる！」という勝手な持論を持っています。根拠は全くありません（笑）。ただ、例えばみんなで海に行ってビーチボールが沖に流れてしまった時、サッと泳いでとってきてくれる男はたくましいと感じませんか？　さらにスキーに行って滑れない人に対して、さらっとアドバイスできればかっこいいと思いませんか？　そんなことを考えるとモテるんじゃないかと勝手に思っています。が、ちなみに私はどちらもできますがモテませんでした（きっぱり）。うぅぅ。

そんな勝手なこだわりから、息子にはスイミングとスキーはやらせました。特にスキーは、かれこれ十年以上、年末に必ず長野県白馬村の素敵なペンションにお邪魔しています。このペンションで年末を過ごさなければ新年を迎えられません。そんなことから息子たちは幼少期から私のモテモテスパルタ教育に耐えながらスキーの上達に勤しんだのです。

そんな背景もあり、長男は大学が東北にあるということもあってかなりスキーの腕をあげています。昔は、私がアドバイスをしていたのに、今は息子のペースについていくことすらできません。またスキーはお金がかかります。息子たちの成長に合わせて道具を購入したり、宿泊代やリフト代など結構かさみます。原家はお金持ちなんだと誤解されたら困りますので言っておきますが、道具はすべてリサイクルショップで賄い、宿泊についてはこの素敵なペンションでお世話になっているからできるのです。移動はもちろん自家用車で、真っ暗闇を荷物と人でぎゅうぎゅうの状態で六時間ほど（約400キロメートル）走り続けます。まさに年に一度の必死のレジャーです（笑）。

さらに長男はバックカントリースキーなるものをやっています。近年では、様々なニュースを耳にしますが、ルールを守っていても自然を相手にしている以上ちょっとしたことが大きな事故につながります。それほど危険ですがそれ以上に魅力的なのかもしれません。親としてはニュースを耳にするたびにドキッとしますが、息子はしっかりその点を認識したうえで滑っていると信じています。なお詳しくは知りませんが、アルバイトをして、それ専用のスキーセットを自分で購入していました（けっこうな価格してましたが……）。

どちらにしろスキーと出会えて、息子の人生にいろどりが増えたと思います。夏は登山で冬はスキー。どちらも危険は付きまといますが、息子にはこれくらいの方が良いと感じています。ただモテている気配がありませんので、早く私の持論を証明してほしいと願うばかりです……。

さて、そんな息子のスキー修業が始まりました。車での移動は様々な困難があるかと思いますのでまだまだ胃痛はおさまりません。クマの次は雪です。とほほ……。

真冬の車中は注意【一月】

―息子からもの申す―

お正月は実家でゆっくりし、冬も本番になりましたのでぼくは京都を出発しました。再び北海道に行くのです。途中、岐阜県と長野県で寄り道（スキー）をしつつ向かいます。

岐阜県には大学の友人の実家があり、そこにお邪魔しつつスキーを楽しみました。この友人はさわやかな笑顔の変態スノーボーダー（Ｊ君）です。東北にいたころはよく一緒にスキー場へ行き、山へも時々滑りに行く仲間でした。今回は岐阜県にあるいつも滑っているというスキー場を案内してもらいました。Ｊ君は滑るのがとっても上手なので、かなり難しい斜面ばかり案内されました。ぼくはＪ君ほどうまく滑れないので、ほとんど転げ落ちるような形でしかついていけませんでした。しかし、難しい斜面は練習になったし、なにより雪が軽くってとても楽しかったです。

Ｊ君のご両親もまた素敵な人たちでした。お父さんはすんごいハンサムでした。お母さんもきれいで朗らかな雰囲気の方で料理がとっても上手なのです。夕食に出てきたローストビーフのおいしさといったら、お世辞抜きで今まで食べた肉料理の中で一番おいしかったです！　そんな素敵なお家に泊めていただき、かつスキー場で思いっきり体を動かせたので大満足です。ありがとうございました。

別れは寂しいものですが今は旅人なので先へ進みます。岐阜県をあとにしたぼくはお隣の長野県に行きました。春と秋に山小屋で一緒に仕事をした人がスキー場で働いていたからです。通り道から近かったので会いに行くことにしました。夕方にスキー場に到着し、久々の再会を喜びます。そして夕食を一緒に食べました。色々大変なことはあるけれど、元気そうで楽しそうだったのでよかったです。かなり元気をもらいました。

会いたい人に会い、本州に思い残すことはもうないので再び北の大地を目指しフェリーに乗ります。北海道では釧路で働くことになっていたので苫小牧で下船した後に東に向かいます。せっかくなのでここでも道草を食っていこう。釧路へ行くには日高山脈を越えねばなりません。しかし、日高山脈にはかの有名なトマムスキー場がありました。これはぜひともひと滑りしたいですね。

トマムスキー場は占冠村（しむかっぷむら）にあります。スキー場の近くで前泊してから滑ろうと考えていたのですが、占冠に到着したのは夜。宿をとっていなかったので仕方なく車中泊をすることにしました。

冬の車中泊は危険がいっぱいあります。まず第一に寒いことです。最悪、凍死なんてこともあるかもしれません。そして、気温が低いため暖房をつけたいところですがこれも危険です。車が雪に埋まると排気ガスがうまく排出されずに一酸化炭素中毒になる恐れがあります。このことは知っていたので、エンジンを切って眠ることにします。

本州では冬でも車中泊をしたことがあり、北海道へ行くにあたって寝袋や防寒着をたくさん持ってきていました。まあたぶん大丈夫だろうと思い眠り始めました。

しかし、結果から言うとこの夜は全然眠れませんでした。そう、めっちゃ寒かったんです。北海道を舐めてました。朝、温度計を見るとマイナス二十度をさしていました。昨晩まで飲んでいた2リットルのペットボトルの水もガチガチに凍っていました。睡眠不足気味の頭と寒さに震える身体でしたが、せっかくここまで来たのでスキーをしましょう。車を少し走らせトマムスキー場に到着です。

トマムスキー場はうわさに聞いた通り素晴らしく楽しいスキー場でした。雪は軽く、ゲレンデは広く、空も広いです。めちゃめちゃ楽しかったですが、一人で滑っていたこととめちゃめちゃ寒かったため午前中でギブアップです。しかし楽しいスキー場でした。今度は友達と一緒に来たいなあと思いました。

さて、さんざん寄り道をして楽し

インスタグラムより。

いことをしたので満足です。次の生活の舞台は釧路です。どんな生活が待っているのか、ワクワクしながらつるっつるの道をひた走ります。

釧路に住む【一月～三月】

―親父からもの申す―

お正月を家族みんなでお祝いし、京都でゆっくりした後、息子は再び旅立ちました。いよいよ最後の目的地です。そこは北海道釧路市。ここではアルバイトに勤しむとのことです。そしてそのアルバイトは「エゾシカの囲い込み猟」だそうです。皆さん、どんな仕事か想像できますか？　ちなみにこの話を知人にすると必ずと言ってよいほど二度聞きされます。

「えっ⁉　なんて？　エゾシカ？　囲い込み？　なんそれ？」

ってな感じです。ちなみに私たち夫婦も二度聞きしました……（笑）。

そもそもこんなアルバイトがあること自体知りませんでしたし、アルバイトアプリなんかにもまず載らないでしょう。でもこの様なアルバイトを見つけてこられるのも、この一年間で様々な人との出会いがなせる業かと思います。そして大好きな北海道で泊まり込みで働けますし興味深い仕事のようです。また、休みの日には北海道のスキー場を巡ることができるのでとても好条件と感じますね。

さらに親としては、何より息子の居場所がわかることが嬉しいです。

「ヒデ、今頃どこにおるんやろ」「そやなぁ。ま、元気にしとんちゃう？」ってなやり取りをずっと夫婦でしておりましたので、この安心感は素敵です。ただこの安心感……どうなの？とも思います。完全に感覚がマヒしてますね（笑）。

さて話は戻って、今回のアルバイトについては、どのようなことをするのか、本書で初めて知ることになります。息子に聞いても詳細まで教えてくれませんでしたが大概のことには驚かなくなってしまっているのでこちらもしつこく聞くことはしませんでした。ただ、いつも通りいろんな人と交流を持ちながら日々楽しそうにしている息子の笑顔ははっきりと浮かぶのです。

振り返ると、夏に初上陸してから、北海道には本当にお世話になっています。広大な景色と温かい人たちに恵まれ、良い想い出しかないのでしょう。冬の北海道も忘れられない想い出になればよいなと思います。

さて、旅も残すところあと少し。いよいよ最終モードに突入です。

―息子からもの申す―

さんざん寄り道してきましたが、無事釧路に到着しました。旅の最後の二か月ほどをここで過ごします。

この地で特に何かがしたかったわけではありませんが（スキーはしたかった）、ご縁あってここで仕事をすることになりました。そして取り組む仕事はエゾシカの捕獲です。

現在釧路湿原ではエゾシカの数が増えていて問題になっているのです。湿原に生息する植物を食い荒らしてしまったりしているようで、何とかするべく行動を起こしている人々がいます。ぼくはその方たちのもとで働くことになりました。

捕獲するといっても鉄砲で撃ったりはしません。大きな罠を仕掛けて、そこにエゾシカを餌でおびき寄せて生きたまま捕らえます。捕まえた後は業者さんに受け渡し、その後お肉になります。その過程の中で、ぼくの仕事はエゾシカへの餌やり、カメラトラップ、罠の点検の三つが主でしたが、時々湿原の周辺の森へ行きエゾシカの痕跡を探すということもしました。

「北海道はでっかいどー！」とよく言いますが、エゾシカもまたでっかいです。オスはもちろんメスもかなり大きくて戦っても勝てる気がしません。オスの体重は１３０キログラムを超えることもあるそうです。一度だけ、捕獲の時に子鹿にタックルされましたが子鹿とて侮れません。ものすごい衝撃でした。一応、人間はヘルメットや盾を装備していましたが、生身だったらアバラ骨は軽く折れていたことでしょう。さらにエゾシカたちはジャンプ力もまたすごい。２００センチメートルくらいならぴょんと跳び越えてしまいます。恐るべし野生の力……。彼らは常に生きるか死ぬかの世界で生きているため、たるんたるんの人間たちとは動きが違います。そんなエゾシカたちを数人で力を合わせて捕まえていました。

仕事内容は日常からかけ離れたもので楽しく働いていましたが、さらに良いことに一緒に仕事をする方たちは野生動物や自然を相手にするプロフェッショナルなのでした。木や鳥の名前、生態など質問すればなんでも答えてくれました。車で移動しているときや森の中を歩いているとき、野生動物の気配の読み取り方をたくさん教えてもらいました。さらに人生の先輩として様々なお話もしてもらいました。大学でも同じような分野は勉強していましたが、知らないことの方が多いですね。外に目を向けるたびに新しい発見があります。

シカの捕獲についてもう少しお話ししましょう。先にも言ったとおり、大型の囲い罠を仕掛けてシカをおびき寄せて捕まえます。ここのシカは長い間餌付けされているためかなり近づくことができました。餌に誘われたシカは罠内に入ってくるので、タイミングを見て罠の入り口を閉じます。その後罠内に設置された搬出用の箱へシカたちを閉じ込めて業者さんが来るのを待ちます。このような手順で捕獲をしました。

搬出用の箱にシカを閉じ込めるときは人も罠の中に入る必要がありました。ぼくが子鹿にどつかれたのもその時です。メスと子供ばかり捕獲するのも作業中のリスクを軽減するためなのでした。オスの立派な角に一突きされたら、ひとたまりもありません。

毎日の餌やりと見回り、時々捕獲や周辺地域の調査といったことが釧路での仕事内容でした。

このようにエゾシカの囲い込み猟を通じて、様々な経験と刺激的な日常を過ごすことになります。

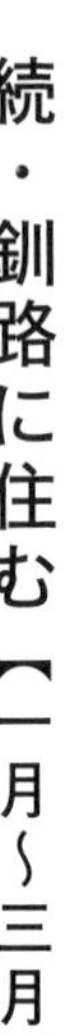

続・釧路に住む【一月～三月】

―親父からもの申す―

北海道の雪の中でアルバイトに勤しんでいる息子からプレゼントをもらいました。それはエゾシカのブロック肉です（買ったものです（笑））。

　鹿肉は小さいころ実家で食べたことがあり、赤身でとてもおいしかったのを覚えています。ただ「鹿なんて！」などと偏見がある方は苦手かと思います。実際私の母も鹿が嫌いでしたので好んで食べませんでした。

　というのも私の実家はお寺なので境内にはお墓もありました。私が小さいころは、お盆になると遠方から来られる檀家様のためにお墓に仏花を供えていました。この作業は家族みんなで早朝から汗をかきながらとりかかっていました。

　ある年のその作業を行った翌日のこと、母が激怒しながらお墓から帰ってきました。話を聞くと供えた仏花を鹿がきれいに食べてしまい、仏花ではなく仏茎になってしまったというのです。お参りに来られた方の喜ぶ姿を想像しながら一生懸命作業をした母にとってはやりきれなかったでしょう。

今となっては笑い話ですが、これ以降お墓で鹿や猪の被害が増えるようになりました。ま、鹿自身も様々な開拓により食べるものがなくなり、町に降りてこざるを得ない状況になっていたのだと思います。そう考えると鹿も母も被害者ですね。それが影響してかしないかわかりませんが、母は鹿肉を好んで食べようとはしませんでした。

話を戻して、一方私たち家族は特に鹿の被害に遭遇していませんし、においなど苦手意識がなかったのでとてもおいしくいただきました。

食べるにあたっては妻が大活躍で、お肉をハーブなどに漬け込んだ後、特性ソースを作ってそれをかけていただきました。

結果むちゃくちゃおいしかったです。全員大喜びの大満足で、私は高級赤ワイン（一〇〇〇円！（涙））でいただきました。この味なら私の母も食べてくれたかもしれませんね（笑）。

このおいしいごちそうの背景には、もちろんお肉自体のおいしさもありますが、何

おいしすぎたエゾシカ肉。

より私たち家族を気遣ってくれた息子の想いと、その想いに答えようとした妻の気持ちがあったと思います。

気持ちをいただくというのは本当にありがたいです。旅の途中で私たち家族のためのお肉を選んでいる息子の姿を想像すると胸が熱くなります。

また息子と話をしていると、カモやウサギなどを友達と一緒に捌いて食べることもあるそうです。この話を知人にすると「たくましいですね」と言われますが、親としてはその一言で終わらせていいのかと思い悩むこともあります。「アナグマむっちゃうまいで！」と笑いながら言う息子を見て、どのようなリアクションをとってよいのやら悩む親父です（笑）。

「ヒデは少々のことがあっても生きていけるな」と妻が言い切るのはこのような理由もあり、納得してしまいます。

たくましい男に育ちました。

― 息子からもの申す ―

仕事内容はとても勉強になるし、とても面白いものでしたが、普段の生活もまた楽しかったです。お世話になる会社が一軒家を借りていて、ぼくはそこで社員の人たちとシェアハウスのような感じで過ごしていました。いつも一緒に仕事をするNさんもまたこのお家に長くおられました。Nさんは料理がとても上手で出汁のとり方から中華料理の基本などいろいろ教えていただきました。Nさんの作る料理は必要最小限の味付けで最大限のおいしさを実現させており、ぼくはそんなNさんの作るご飯が大好きでした。また、野菜や魚は無駄なく使い、ごみは最小限で動作も静かです。とても丁寧な生き方をされる方だと思いました。

釧路に来てしばらくはNさんがご飯を作り、ぼくがその手伝いをするという形でしたが、いつしかぼくがご飯係になっていました。出汁のとり方を知り、Nさんの味の好みも何となく掴んで寄せていたためなのか、朝晩のご飯はだいたいぼくが作りました。料理自体も楽しいですが、作ったものを人と一緒に「おいしいおいしい」といいながら食べることが何より嬉しいし楽しかったです。さらに、献立もぼくが考えるため毎日好きなものしか食卓に並ばないという大変幸せな生活でした。

シェアハウス生活は基本的にぼくとNさんの二人でしたが、時々札幌から人員がやってきました。社員の方や学生アルバイトの方など多い時で四人ほど。にぎやかな食卓になります。その時にはみんなで手分けしてご飯を作りました。人と話しながら作る料理は楽しいですね。包丁の使い方や野菜の下処理などとても勉強になります。

あるとき札幌からOさんという方が来られました。Oさんは心優しき愉快な大男でした。明るい性格で一緒に仕事をしていてとても楽しかったです。数日間三人で楽しく暮らしていたのですが、急遽Nさんが札幌へ戻ることになってしまいました。ぼくとOさんは二人で一週間ほど生活することになります。しかし、この一週間がめちゃめちゃ楽しかったのです。

Ｏさんはこってりとんこつラーメンとコカコーラゼロを愛しており、それらはぼくが普段あまり食べないものでした。そしてＯさんとぼくはお酒が好きでした。抑止力となるＮさんがいなくなった今、ぼくたちの食欲は暴走状態に陥りました。昼間はしっかり仕事をしていましたが、話す内容は食べ物のことが多くを占めていました。仕事が終わってからスーパーへ行き、とりあえず酒とつまみと肉とすぐ食べられるものを買って家に帰ります。この一週間は毎晩のように酒盛りが開催されました。朝はちょっと二日酔い気味です。また、こってりラーメンを食べにいったり、デカ盛り定食屋巡りをしたり外食もしました。丁寧な暮らしをされているＮさんが今のぼくたちを見たらなんと言うか……。一週間後、一升瓶の焼酎を一人で空けてしまいました。あらら飲みすぎました。

ぼくは山小屋でも共同生活を経験していましたが、山小屋で働く人たちは似たような趣味嗜好を持っていることが多く、衝撃を受けることはそこまでありませんでした。しかしこの一週間は違いました。食べ物の趣味嗜好から生きてきた環境も全く異なるＯさんと二人で過ごしてみて、多くのことに衝撃を受けたし、たくさん笑いました。めっちゃ楽しかったし、新しい世界に触れることができました。

そんな楽しい日々はついに終わりを告げ、私の旅は終焉を迎えようとしていました。

旅の終焉【三月】

―親父からもの申す―

北海道でのアルバイトも終盤に差し掛かり、旅もいよいよ終わりを告げようとしている頃、息子の通っている大学から休学期間満了の文書が届きました。

その文書を目にして、この一年間、様々な想い出が鮮明によみがえってきます。息子にとってこの一年は長かったのか短かったのか、どちらにしろ私とは比べものにならないほどに濃く刺激的な時間であったと思います。

息子にこの後どうするのか尋ねたところ、とりあえず大学生に戻ると言っています。「今、学生に戻らんとわし一生卒業できんわ」と笑いながら言っていました。その言葉を聞いたとき、自分なりにけじめをつけているのだと安心しました。そしてそのけじめをしっかりと認識していたからこそ、この一年という時間がより輝くのだと思います。

さて、大学からの書類に復学する旨とサインを書いているとなぜか寂しい気持ちになりました。息子の旅であるはずが、同じように旅をしていたような気になっていました。息子からの連絡に一喜一憂し、日々の生活を想像しながらの日常は終焉を迎えます。ただ胃の痛む日々が少なくなると思うと少し嬉しくも感じますが、その胃痛の日々のおかげで、子供に対する意識と接し方が変わりました。これからの人生、息子がどのように転んでも良いです。息子の人生ですから……。転ぶのも転ばないのも息子の責任です……と強く思えるようになりました。一見冷たく突き離しているように感じるかもしれませんが、むしろ私としてはより大きく受け入れられる心境に近づいたと思っています。

そして一年の休学を経て、息子に忘れないでほしいと思うことがあります。それは、決して一人では生きていけないということ、様々な方の見えないご縁によって生きているということです。言い換えれば私たちは「生かされて生きている」のだということを心に刻んでほしいと思います。感謝の中に生き、当たり前に過ごしている日常を「有り難い（有ることが難しい自分である）」と感じることのできる人間になってほしいと思います。

ポストの前で､手に取った封筒を見つめながらそんなことを考え､投函とともに息子のひとりぼっち漫遊記は終わりを告げたのです。

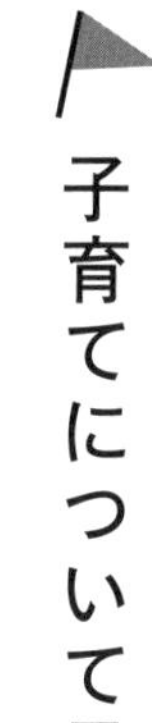

子育てについて思うこと

―親父から「保護者に」もの申す―

旅を一緒に振り返らせていただきました。ただ最後に保護者の方に一言申し上げたいと思います。それは私の仕事（大学職員としてのキャリア支援）において、多くの学生・企業・保護者と関わってきた中で感じたこと、さらにこの度の息子の一年を通じて再認識させられたことです。再認識させられたことについては、私たち夫婦が子供と接する際に意識していたことが多かったと感じています。その点で、自分自身に対して忘れてはならないと言い聞かせる意味で書き綴らせていただきます。さらにそのことが皆様のお子様との交流に、ほんの少しでもお役に立つなら幸いです。生意気なことを書かせていただきますがお許しください。

「そうだよね」を合言葉に子供と接する

これは妻と共通認識としていたことです。親子で会話をする際に子供の意見に対して、まずは「そうだよね」というような肯定の言葉をつけようと心がけることでした。その前にどんなに理不尽な意見を言ってきても途中で遮ったりせず、グッとこらえて最後まで聞くことも忘れませんでした。その後に「なるほどなぁ」などの肯定的な言葉を発してから私たちの意見を伝えると子供も意見を聞いてくれて会話が成り立ち、反抗期が早く収まったという実感もありました。振り返るとこの言葉は私たちにとって魔法の言葉だったと思います。

「遠からず、近からず」の距離を大切にする

子供との距離感は大切と感じます。

私は仕事での学生面談の時に「これ（相談内容）は親に話してみた？」と聞くと、「親に話しても興味を示してくれませんから無駄です」という回答と「相談なんかしたらあれこれうるさくて嫌です」との二種類の回答を聞くことがあります。どちらも会話が成り立っていません。そしてこれは、親子の距離が遠すぎる、近すぎるそれぞれの例だと思います。私は常に「遠からず、近からず」の距離感を意識してきました。そしてこの距離感は息子三人でも異なり苦慮しました。より良い距離感を見つけるのは簡単なことではないですが、可能にするものはやはり日々のコミュニケーションだと思います。挨拶から始まり、ちょっとした声掛け、子供との二人っきりの時間などを意識して接することが重要だと思います。先にも述べましたが、私は子供の好きなことを中心に接点を持

つように心がけました。これは効果ありでしたよ。

子供に期待しない

これは妻がよく話すことです。親が勝手に期待して思いを押し付けることほど、子供にとって迷惑なことはないと思います。企業の採用担当者との話の中で「親が喜ぶからこの会社にします」とか「親が辞めろというから辞退します」との理由で自分の進路を決める学生が目に付くとの意見を耳にすることがあります。もし息子がこんなことを言ったら、私は怒るでしょうね。親のために自分のこと（特に進路など）を決めるなんて考えられません。自分のことは自分で決めるべきですし、責任を持たせるべきと思います。そして、そのことを教えるのも親の役目ではないでしょうか。親は子供に対して様々な選択肢を提供するだけでよいのです。そして子供がどれを選ぼうとも信じて関与しないことが大切であると再認識させられました。

成功者ではなく幸福者になってほしいと願う

私は「成功者と幸福者」についてよく考えます。一見、この両者は同じであるように感じますが、本当にそうでしょうか？

成功は他者と比較ができますが、幸福は他者と比較ができません。その点ですでに異なるものと思います。さらに他者と比較ができる方が簡単ですので、成功者ばかりに目が行ってしまっている状況はないでしょうか。高学歴で有名企業に就職した方は世間的には成功者と見られ、幸福者だと思われるかもしれません。では、その逆の方々はすべて不幸なのでしょうか？　そんなことはありません。たとえ世に言う高学歴な大学を卒業していなくても、有名企業に勤めていなくても幸せな方はいます（実際たくさん出会ってきました）。そしてその逆もしかり、成功者と思われている人の中でも幸せと感じていない人もおられると思います。その点で、やはり成功者と幸福者は異なると感じるのです。成功と幸福を同じ土俵で考えるのではなく、まずは子供が求める「幸福」とは何かを一緒にじっくり考えるべきと思います。ただ誤解の無いように言っておきますが、だからと言って成功者を目指すことを否定するのではありません。本人が成功者を望むなら全力で応援してあげるべきですし、私も仕事において全力で支援してきました。しかしながら、それを本人が求めているのか、それを求めることが幸福に繋がるのか、という点はしっかりと確認する必要があると思っています。そして「成功者＝幸福者」という図式が見えれば全力で応援すればよいと思います。子供の幸福を理解しないまま、成功者になることを望むことはすべきでないと思います。

三人の息子に対しては、世間体などをふまえての成功は考えてほしくなく、小さくても良いので、自分が思う幸福をしっかりと考え、求めてほしいと思います。そのためにもこれからも息子たちと接点を多く持ち、一緒に語っていきたいと思います。なお、長男においては今回の旅を通じて、そ

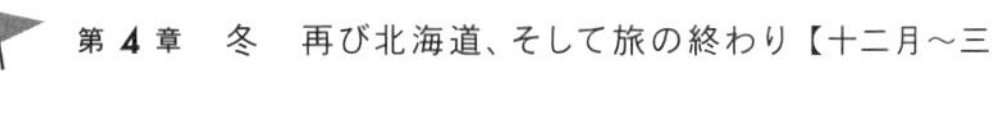

の心配はなくなりました。

最短ルートが当たり前ではない

お伺いします。「四年で大学を卒業しなければなりませんか？」「卒業後はすぐに正社員にならなければいけませんか？」

親としては、もちろん大学は四年で卒業して、すぐに就職してくれるに越したことはないかと思います。ただ、これが当たり前という前提で子供と将来について語るのは良くないことと感じます。息子は、四年で卒業しませんでしたし、卒業後は企業に就職していません。でも私は何の不満も不安もありません。

学生の中には四年で卒業して企業等に就職しなければダメだと焦っている学生もいます。四年で卒業できなくても「胸を張れる学生生活」を過ごせたなら必ず社会は認めてくれると思いますし、何より一人で生きていけると思います。焦るあまり、世の中の型にはまろうとしてしまい、自分軸を見失っている学生もいるように感じています。様々なご家庭の事情もあるかと思いますので一概に言えないことは理解しています。ただ、子供に対して最短で生きていくことが当たり前という態度で自分の思いを子供に押し付けるのは良くないと思います。

三人の息子には遠回りを恐れず、学生生活を胸の張れるものになるよう努力して、自分の人生をしっかり考えてほしいと思います。そしてこの冒険記が一つの例ではないかと感じています。焦らずじっくり考えて、人生一〇〇年を意識しながら生きてほしいと思います。

以上、生意気かつ私の勝手な思いを書かせていただきました。ただ、この考えのもと、息子と語らい生きてきて、あながち間違ってはいなかったと思います。異論もあるかと思いますが、どうかご容赦いただきたいと思います。そして、少しでも参考になれば幸いです。

休学のススメ

―親父からもの申す―

一年間の休学は終わりました。息子のお陰で親子ともども様々な学びを得ることができたと思います。

最後に、本著のテーマである「休学」について述べます。

今回の旅を通じて、改めて休学してくれて良かったと思っています。その背景には、冒頭で述べた次の三点を息子が全うしてくれたからです。

一、目的をもって休学するなら良し

息子にとって、休学の目的は「日本百名山踏破」でした。しかしほとんど達成できませんでした。ただ、これは表向きの目的で裏向きの目的は「遊ぶ」ということでしたので、この点では達成できたというより達成しすぎたのではないかと思います（笑）。また、親としてはこの「遊ぶ」という言葉が途中から「学ぶ」という言葉に見えてなりませんでした。人と会って山をめぐってぐーたらしながら過ごす日々においても、その所々で大小様々な判断を求められたことと思います。さらにそこには必ず「学び」があったと思います。風の吹くまま気の向くままに遊んでいるように見えながら、その裏側できっちりと生きることについて学んでくれたと思います。

人生一〇〇年、まだ五分の一しか生きていません。そんな中で、しっかりと「遊ぶ＝学ぶ」という目的をもって一年間を生きてくれたと思います。

二、助けを頼らず休学するなら良し

私からは全くと言ってよいほど支援はしませんでした。あえて言うなら、胃腸炎になった時くらいでしょうか。二度とあんな支援はしたくありませんが……（笑）。

特に資金面では、その時々で様々な人のご支援のお陰で生活費を稼ぎながら生きてきたと思います。

頼らないで生きる状況に自分を追い込むことによって、自ずと前に進むことができたし、それによって助けてくださる存在のありがたみがわかったのではないかと思います。

また、子供は親の想像以上に生きる力を持っていることを実感しました。そして一人で生きていく力を身に付けさせる「支援」をすることが親としての大きな役割であるとも感じました。

その支援とは何か……、

「信じてほっとくこと」

これはとても難しいことと実感しました。ただ、子供が死ぬまで親が寄り添うことができるのならそれこそ手厚く接すればよいですが、普通は私たち親が先に旅立ちます。その点においても「この子は一人で生きていくのだ」との思いを忘れず子供に接するべきと思います。

さらに人生には必ずつまずきはあります。それなのに子供がつまずかないように手を貸してはいないでしょうか。つまずいて立ち上がろうともがき、助けを求めてきた時に全力で手を貸すことが親の役目と学んだような気がします。何よりつまずきを知らない子供は立ち上がる術を知りません。それこそ問題だと思います。

息子も旅の途中に大小様々なつまずきがあったと思います。しかし状況をふまえながら適宜自分で対応できたと思いますし、本当に助けを求めることがなかった一年でありました。

三、胸を張って休学するなら良し

最後に、息子の休学はどこでも胸を張って語れるものです。「親より先に死なない」「他人様に迷惑をかけない」という二つの約束のもと、すべての事象において積極的に取り組み、自分の責任で執り行えました。さらに未知の世界や人の懐に飛び込むことにより、想像以上に素晴らしい経験を得ることができました。

そしてこの度、単なる楽しい想い出に終わらせるのではなく、書籍という形にして残すことができました。文章を書けるだろうかと案じていましたが、その書きっぷりは見事なものでした（笑）。

これらをふまえ、どこでも胸を張って語れる一年であったと思います。

冒頭でも述べましたが、休学はどちらかというとマイナスのイメージを持つ言葉かと思います。しかし、この三点をふまえて取り組んでくれたことにより、休学という言葉がプラスのイメージに変わりました。

そしてプラスに変えることができた理由は、休学の前に「前向き」という言葉をつけられたからだと思います。前向きな休学は人生を変える大きなきっかけになるかもしれませんし、やりきることによって胸を張れるものになるのです。

本書を読んでくださった高校生や大学生の方々に対して、私（親）からのメッセージを送って結びたいと思います。

今、胸を張れることが無くてもいいのです。ゆっくりでいい、小さくていいので行動を起こし、歩みを止めないように取り組むことができれば、必ず価値あるものになると思います。もし「それくらいのことで胸を張っているのか」と馬鹿にされたとしたら、そんなことは無視してください。なぜならこれは他人と比べるものではなく、過去の自分と比べるものだからです。過去の自分は自分にしかわかりません。だから他者から何を言われても気にしないでください。

そのためにも、何度も言うようですが、まずは自分の足で一歩を踏み出してください。

私の好きな書籍に大竹英洋氏の「そして、ぼくは旅に出た。はじまりの森 ノースウッズ（あすなろ書房・２０１７発行）」という本があります。機会があればぜひ読んでください。その中にある一節を紹介します。

それは著者が有名な探検家（ウィル・スティーガー）の講演会に同行した際、会場からの質問に対してウィルが答えた一節です。

会場（子供）から「どうしたら探検家になれますか？」との質問がありました。それに対してウィルはこう答えました。

「Put your boots on and start walking（ブーツを履いて、歩きだせ！）」

そうなのです。いろいろ考えずまずは一歩を踏み出すことが大切なのです。

その一歩が偉大な人間になる大きな一歩だと思います。どうか多くの高校生・大学生の皆さん、時間のある学生時代のうちに一歩踏み出してください。

人生一〇〇年、まだ始まったばかりです。片意地はらず、かっこつけず、寄り道しながら進みましょう。そこには大きな成長があるはずです。ただ、自分を信じて前を見ることだけは忘れないでください。

そして私たち保護者は、一歩を踏み出そうとしている子供を信じてほっておきましょう。それこそが親としての最大の支援と思います。
最後に、楽しい想い出と素晴らしい気付きを与えてくれた息子に心から感謝します。

ヒデ、ありがとう。

― 息子からもの申す ―

【人生初心者】

休学の日々を振り返ってきましたが、改めて思うことがひとつあります。それは、

「人間だれしも人生初心者」

だということです。これは「はじめに」でも触れましたが、休学中に学んだことで最も重要なことだと思います。

みんな人生初心者ということですが、特に考えることが多かったのが親についてです。

旅の途中にいろんな親に出会い、いろんな家族の形がありました。これから赤ちゃんが生まれる親、子供がまだ小さい親、思春期の子を持つ親、子供が一人立ちした親……そしてぼくの両親。

旅を通してぼくの知らない世界に足を踏み出したからか、今までと違った立場で自分の両親と向き合うことができた気がします。

ぼくはこれまで自分の両親を見ていても、自分がいつか親になる姿が全く想像できませんでした。なぜならぼくと親はともに人間だけれど、経験が圧倒的に違うからです。そのことから全然違う存在のようだと思っていました。しかしどうやらそういうわけではないようです。自分の親だけを見ていたらわからなかったものが仲良くなった人たちと話しているうちに見えてきました。どんな人でも、親になることは初めてだしわからないことだらけなのです。だから旅の途中に出会ったたくさんの親も、どうしたら良いかわからないから、ちょっとでもいいと思われることはどんどんするし、たくさんの人に相談もします。ふらふらと旅をする若者（ぼく）にだって相談します。様々な願いや考えを持って子供と接し、子供の姿を見て一喜一憂する親の姿を目の当たりにしました。そんな様子を見て、毎日一緒にバタバタと過ごしながら、子供も親も成長していくのかなと思います。

そう思うようになってから過去を思い出すと、ぼくの両親もまたバタバタしてたのかもなぁ……と感じる場面もありました。かつては遠い存在だった親が今では一人の人間として見えるようになりました。

このような話をとある機会に母に話したことがありました。すると母は、

「ちゃうねん。あんたら（子供ら）が私を親にしてくれたんや」

と言いました。

やはり母はすごいです。かっこいいなと思うし、敵わないなとも思います。母の言うことはなんとなくわかる気がしますし、旅の途中で出会った方々を見ているとそうなのかなとも思います。そして、この言葉は母が様々な経験を経たうえで出てきた言葉であると思うので、いつかぼくが親になる日が来たら、理解できればいいなあと思います。

【休学のススメ】

さて、一年間の休学生活ですが、当初の予定では日本百名山をたくさん登り、卒業研究の調査もこなしているはずでしたが、そのどちらもほぼしませんでした（笑）。

全く予定通りにはなりませんでしたが、楽しいこと嬉しいことがたくさんあった楽しい嬉しい一年であったと思います。

何度も言うように、多くの人に出会えた一年でした。赤ちゃんから年配の方、サラリーマン、フリーター、学生、先生、旅人、芸術家……。実に様々な人に出会い、いろんな話を聞くことができまし

た。みんな考え方や生き方は違うけれど、それぞれが本気で必死で生きていて、素敵だなぁ、かっこいいなぁと思ったことが幾度とありました。ぼくも「素敵だなぁ、かっこいいなぁ」と思われる大人になりたいと思います。

その一方で、社会の中で生き抜いていくことはそんなに簡単じゃないということもわかりました。まず生きるのにはお金が必要で働かねばなりません。働くってものすごく大変なことなのです。そんな当たり前のことがこの一年の休学で多く感じられ、この社会で生きる大人ってみんなすげえと思います。そんなことを休学の一年間で学ぶことができました。

これからの人生、社会は厳しい場所ですが、それでものんびり楽しく生きられたら嬉しいなと思います。

また、休学に限った話ではないですが自分のやりたいことをとことん追求したり、何がしたいのかわからなくてうろうろするような時間はとても大切だなと思います。そんな貴重な時間を大学生の間に経験できてとてもよかったです。

休学中に出会ってお世話になったすべての方々、本当にありがとうございました。多くの方のご厚意があってこんなにも充実した休学になりました。

重ねて御礼申し上げます。また会えたなら、たくさんお話しできると嬉しいです。

最後に、お父さんお母さん、休学という選択肢を教えてくれて、そして背中を押してくれてありがとう。

おわりに　――お袋からもの申す――

初めまして、母です。

息子の休学の日々を皆様と一緒に振り返りました。まずは最後まで読んでいただきまして感謝申し上げます。私も知らなかったエピソードもあり、楽しく一年を振り返ることができました。

この『ぼくらの冒険記』を読み終えて、改めて風の吹くまま気の向くままに行動する息子だと感じ、さらにこんなにも多くのことを経験していたのかと驚きました。主人も書いている通り、私もその時々で一喜一憂したり、胃が痛くなったりと大変だったことを思い出しました。ただその大変だった経験すべてがとても素晴らしい想い出としてよみがえってきました。そしてこの本は家族の証というか、かけがえない宝物になったことは間違いありません。

息子は本当に外で遊ぶ事が好きな子でした。真夏の炎天下も、雪のちらつく冬空の下でもお構いなしです。近くにある運動公園の森の中をひたすら歩かされました。今思えば、公園が日本全国に広がっただけで、今回もやっていることはほとんど同じです。そして当然のことなから、弟二人もそれに付き合わされる毎日でした。

一方の主人ですが、息子が言う通り趣味が多く、面白いことを考えては即行動に移します。三人の息子はそれぞれ好みが異なりますが、それぞれが喜ぶであろう遊びを一緒になって楽しんでおりました。その発想力と行動力にはいつも感心させられました。


そして今回の書籍発行です。

息子からは度々送られてくる写真と断片的なエピソードしか知らされていなかったこともあり、旅の詳細を知りたいと思っていた私にとって、主人から相談があったときには「お父さん、ナイスアイデア！」と心から賛成しました。何よりとても素晴らしい記念になると思いました。


さて本書のなかで息子が触れておりましたが、親になるということは大変なことです。

子供を産めば書類上は親になれますが、実際は右往左往しつつ子供と伴走しながら日々を過ごすことでようやっと親になれるのではないでしょうか。

その点でも、今回の冒険記は私たちをさらに成長させてくれました。

そして、ヒデだけでなく、リョウとシュンの三人の息子たちに、私のところに生まれてきてくれてありがとうと言いたいです。

最後に息子が旅先で出会いお世話になった方々、本当にありがとうございました。皆様の温かいお心遣いなくしては、息子の旅もやり遂げられなかったことでしょう。

主人と息子と共に深く御礼申し上げます。

二〇二三年七月　原純子

付録

ヒデのとっておき
フォトギャラリー

今まで様々な登山や旅を通して、たくさんの景色と出会ってきました。
その中から、お気に入りのとっておき写真を掲載します。

春の飯豊連峰。

春の鳥海山。

イイデリンドウ。

ミヤマキンバイと雪渓。

くさいテントの中。

北アメリカの主峰デナリ。

デナリ国立公園にて。

朝の山並み。

昆布漁　知床岬。

苔むす森。

オウレン。

秋の気配。

逆さ鳥海山。

槍ヶ岳。

流されるハクウンボクの花。

大雪山の紅葉。

焚火。

九州の冬。

初雪。

鳥海山の中島台にて。

著者紹介

原 俊和（親父）：写真 右
1970年、兵庫県生まれ。龍谷大学文学部卒業後に同大学の事務職員として勤務する。奉職してから長くキャリア・就職支援部署で従事し、多くの学生・企業・保護者と接してきた。三児の父。

原 俊英（息子）：写真 左
2000年、京都府生まれ。山形大学農学部卒業後に北アルプスの山小屋でスタッフとして勤務する。学生時代に写真と旅に惹かれるものの、いつもヒッチハイク・野宿を駆使した低予算旅行を強いられている。

ぼくらの冒険記
親子で語る「前向き」休学のススメ

2023年7月28日　第1刷発行

著　者　原 俊和（はら としかず）・俊英（としひで）

発行者　太田宏司郎
発行所　株式会社パレード
大阪本社　〒530-0021　大阪府大阪市北区浮田1-1-8
TEL 06-6485-0766　FAX 06-6485-0767
東京支社　〒151-0051　東京都渋谷区千駄ヶ谷2-10-7
TEL 03-5413-3285　FAX 03-5413-3286
https://books.parade.co.jp
発売元　株式会社星雲社（共同出版社・流通責任出版社）
〒112-0005　東京都文京区水道1-3-30
TEL 03-3868-3275　FAX 03-3868-6588
装　幀　河野あきみ（PARADE Inc.）
印刷所　創栄図書印刷株式会社

ISBN 978-4-434-32352-2　C0095